決定版
毎日のおべんとう

これならできる！お弁当じょうずの5つのポイント

毎日のお弁当作りをむずかしく
考えすぎていませんか？
パパッと作って、家族には大好評！
そんな、得した気分になれる
お弁当を集めました。

1 お弁当作りは、**簡単でおいしい**がいちばん！

お弁当のおかずというと、「少しずつ何品も作らなきゃ」と思われるかもしれませんが、基本的には主菜１品と副菜が１～２品あればじゅうぶん。こったおかずである必要はありません。足りない栄養は朝ごはんや晩ごはんで補えばいいのですから。欲張らずに自分でできる範囲から始めればよいのです。そこでこの本では初めてでも簡単でおいしくできるお弁当のメニューを多く集めました。主菜のレシピはわかりやすいプロセス写真つきです。

2 ルールがわかれば**楽しさ広がる**おかずの組み合わせ

主菜は元気のもとのタンパク質がたっぷりの肉・魚・卵などの材料を使ったものに。でも主菜ばかり詰めたのでは彩りも栄養もバランスがとれません。ふだんの食事と同じで、ボリュームのある主菜を一つ決めたら、次は野菜などを使った副菜を１～２品選べばそれでＯＫ。主菜が揚げ物なら副菜は煮物やあえ物。主菜が甘辛味なら副菜は塩味に。調理法や味つけに変化をつけると飽きずに食べられます。159ページを参考にしてお弁当じょうずに。

4 ちょっとの工夫で傷みにくい安心お弁当を

汁けたっぷりがおいしい煮物などのおかずはちょっとご用心。汁けはお弁当の大敵です。お弁当箱に詰めるときは、傷みの原因になる汁けをよくきってから。余分な水分を吸収してくれる素材をからめたり、抗菌効果のある食品を活用したり。「傷みにくいお弁当を作るのってむずかしそう」と思うかもしれませんが、ちょっとした工夫でおいしさもアップし、安心なお弁当に。158ページを開くと「なあーんだ、これならできる」と思えるはず。

5 ちゃんと詰めればもっとおいしいお弁当に

せっかくおいしく作ってきれいに詰めたつもりでも、食べるときにごはんやおかずが片寄ってグチャグチャになっていたらガッカリ。こんな経験ありませんか？　家から学校やオフィスに持っていって食べるお弁当の宿命だものとあきらめないで！　181ページを参考にして、詰める順番や切り方などのちょっとしたポイントを押さえれば、見た目もきれいで「おいしかった！」と言われるお弁当になります。あとはあなたの愛情とセンスをプラスして！

3 段取りよく手早く、簡単にがキーポイント

「お弁当を作らなければならない」と思うとおっくうだけれど、「大切な人のために作ってあげたい」と思えば……　せっかく作るのですから楽しまなくちゃ。前の晩のちょこっと準備や冷凍活用、電子レンジやオーブントースターを効率よく活用するなど、96、132、145ページを参考にすれば、お弁当作りがぐっとらくになります。手早く簡単においしくできるようになれば、作るのがどんどん楽しくなって自然にお料理の腕も上がること請け合い。

CONTENTS

CONTENTS

CONTENTS

CONTENTS

表紙のお弁当
豚肉のチーズ巻き
（作り方は10ページ参照）
ブロッコリーのみそあえ
（作り方は176ページ参照）
レンジかぼちゃ
（作り方は110ページ参照）
いり卵
（作り方は40ページ参照）

CONTENTS

この本を使う前に

- 材料は１人分（料理によっては作りやすい分量）を目安に表示しています。お弁当箱の大きさや形に合わせて適量詰めてください。
- 小さじ１は５㎖、大さじ１は15㎖、１カップは200㎖です。ただし、米は炊飯器についているカップを使い、１カップは180㎖です。
- だしは市販の和風だしのもとを使うか、好みで削りがつお、昆布、煮干しでとっただしを使用してください。スープは市販のスープのもと（コンソメ）をあらわしています。
- 熱量(kcal)は１人分の数値です。お弁当の場合はレシピ以外の主食、つけ合わせの野菜、デザートまですべて含めた数値です。ごはんの量を特に記載してない場合は、お弁当箱の大きさによって、小(150～160ｇ)、中(180ｇ)、大(200ｇ)を基準に計算しています。
- 調理時間は２口コンロを使い、下ごしらえから料理ができ上がるまでの最短の目安です。乾物をもどす時間、つけ込んでおく時間、ごはんを炊く時間などは含まれていません。
- 電子レンジの加熱時間は500Wの場合の目安です。400Wなら時間を２割増に、600Wの場合は時間を２割減にしてください。ただし、機種によって加熱時間は多少異なります。
- オーブントースターはあらかじめあたためて使用してください。

1

メインおかずの材料別毎日のお弁当

お弁当のメニューを毎日考えるのってめんどうですよね。初めてならなおさら。
そこで、扱いやすい材料別にお弁当のメニューを選べるようにしました。
たとえばメインのおかずを、月曜日が肉なら火曜日は魚、水曜日は卵や豆腐というように。
同じ材料がつづかないようにすれば、いろいろなものが作れて毎日が楽しくなります。
さらにレパートリーがふえるように味つけや材料、調理法をちょっとかえるだけで簡単にできる
おすすめアレンジもご紹介していますので、さっそくお役立てください。

豚肉のチーズ巻き弁当

お弁当のメニューでいちばん人気が肉巻きおかず。チーズと薄切り肉の組み合わせなら、超簡単でおいしさも◎。赤と緑の野菜を加えると、彩りも栄養のバランスもよくなります。

901 kcal

15 分

✱ 主菜

豚肉のチーズ巻き

材料（1人分）

豚もも薄切り肉	3枚
プロセスチーズ	3切れ（60g）
塩、こしょう	各少々
小麦粉	少々
サラダ油	大さじ½

1 肉に下味をつけてチーズを巻く

豚肉は広げて塩、こしょうを振り、1枚ずつチーズをのせて巻く。

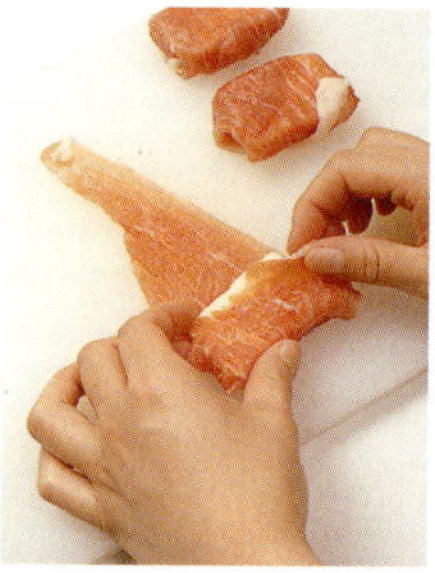

2 粉をまぶす

小麦粉を茶こしに入れて1の豚肉に振り、全体に薄くまぶす。

3 焼く

フライパンにサラダ油を熱し、2の巻き終わりを下にして並べる。途中上下を返して弱めの中火で3～4分焼く。

★ 副菜

おかか風味の焼きピーマン

材料（1人分）

ピーマン1個　A（だし大さじ½　しょうゆ小さじ1）　削りがつお少々

作り方

1. ピーマンは縦半分に切って種とへたを除き、グリルで5分焼く。
2. ピーマンは食べやすいようにさらに半分に切り、Aをからめて削りがつおをまぶす。

♡ 副菜

にんじんの白ごまあえ

材料（1人分）

にんじん80g　A（すり白ごま大さじ1　砂糖小さじ1　しょうゆ小さじ½）

作り方

1. にんじんは皮をむいて1cm厚さのいちょう切りにし、やわらかくゆでてざるに上げる。
2. Aを合わせてにんじんをあえる。

詰め方のポイント

ごはんに梅干しをのせると抗菌効果もバッチリ。仕切りのない弁当箱にごはんと油を使ったおかずを詰めるときは、ごはんに油がつかないように、あれば青じそやバランで仕切って主菜を詰め、副菜は味が移らないように汁けをきってカップに入れて詰める。

menu

✱ 主菜
豚肉のチーズ巻き

★ 副菜
おかか風味の焼きピーマン

♡ 副菜
にんじんの白ごまあえ

ごはん　梅干し（市販品）
青じそ

おすすめアレンジ

✱ 主菜をアレンジ
豚肉のちくわ巻き

★ 副菜をアレンジ
ピリ辛焼きピーマン

♡ 副菜をアレンジ
にんじんの黒ごまあえ

160ページ参照

豚肉のしょうが焼き弁当

しっかり味のしょうが焼きはお弁当のおかず向きです。しょうがを加えることで抗菌効果も。ピリ辛味とみそ味の副菜を添えて味にめりはりをつけると、品数が少なくても満足のメニューに。

813 kcal

15 分

menu

✽主菜
豚肉のしょうが焼き

★副菜
こんにゃくのピリ辛煮

♡副菜
セロリとにんじんのみそ漬け

ごはん
野沢菜漬け（市販品）

おすすめアレンジ

✽主菜をアレンジ
鶏肉のしょうが焼き

★副菜をアレンジ
しいたけと昆布の煮物

♡副菜をアレンジ
セロリとにんじんの即席漬け

163ページ参照

✽ 主菜

豚肉のしょうが焼き

材料（１人分）

豚ロース肉（しょうが焼き用）……３枚（150ｇ）

A ┌ おろししょうが……小さじ１
　│ 酒……小さじ１
　└ しょうゆ……小さじ１

サラダ油……小さじ１

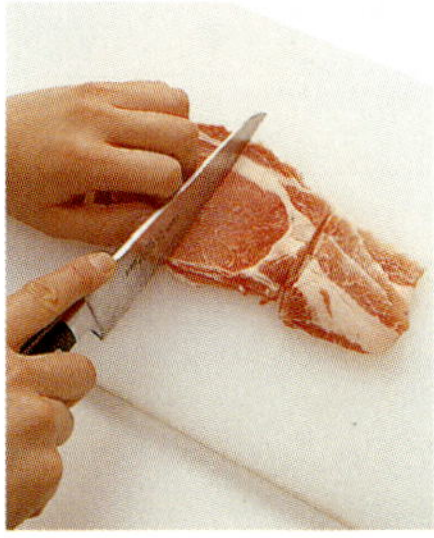

1 肉を切る

豚肉は３枚重ねて、長さを３等分する。

2 下味をつける

Ａを合わせて豚肉にからめ、10分ほどおいて下味をつける。

3 焼く

フライパンにサラダ油を熱して２の豚肉を広げて入れ、途中上下を返して汁けがなくなるまで中火で３分ほど焼く。

★ 副菜

こんにゃくのピリ辛煮

材料（１人分）

こんにゃく100ｇ　赤とうがらしの小口切り¼本分　Ａ（砂糖小さじ１　だし½カップ　しょうゆ大さじ½）　サラダ油小さじ１

作り方

❶こんにゃくは上下の面に斜め格子の切り目を入れて一口大に切り、下ゆでする。

❷フライパンにサラダ油を熱してこんにゃくをいため、赤とうがらし、Ａを加えて中火で汁けがなくなるまで煮る。

♡ 副菜

セロリとにんじんのみそ漬け

材料（１人分）

セロリ¼本　にんじん４cm　Ａ（みそ大さじ½　みりん大さじ１）

作り方

❶セロリは斜め薄切りにし、にんじんは皮をむいて棒状に切る。

❷Ａを合わせて①をまぜ、10分おいて汁けをきる。

詰め方のポイント

おかずを詰めるスペースをバランスよくあけてごはんを詰める。副菜はそれぞれ汁けをきり、カップに入れて詰める。抗菌効果のあるしょうが焼きは少しごはんに重ねて詰め、ボリューム感を出す。野沢菜漬け、または好みの漬け物を添える。

CAFE

豚肉とまいたけの煮物弁当

ポイントは肉に浅く切り目を入れること。味の含みもよく、短時間でおいしく仕上がるとしたら、お弁当だけでなくすぐに試してみたくなります。あえ物といため物を副菜にすれば、調理器具も重ならないので手順もスムーズ。

menu

- 主菜 豚肉とまいたけの煮物
- 副菜 しらたきの明太子あえ
- 副菜 ブロッコリーのいため物磯風味
- ごはん
- 梅干し、おたふく豆(市販品)

620 kcal　15 分

主菜 豚肉とまいたけの煮物

材料(１人分)

豚肩ロース肉(とんカツ用)……½枚(60ｇ)
まいたけ……20ｇ
玉ねぎ……小1/8個
A だし……½カップ
A 砂糖……大さじ１
A 酒……大さじ１
A しょうゆ……大さじ１
水どきかたくり粉……少々

1 材料を切る

豚肉は両面に斜めに浅く切り目を入れ、２cm幅に切る。玉ねぎは薄切りにし、まいたけは食べやすく裂く。

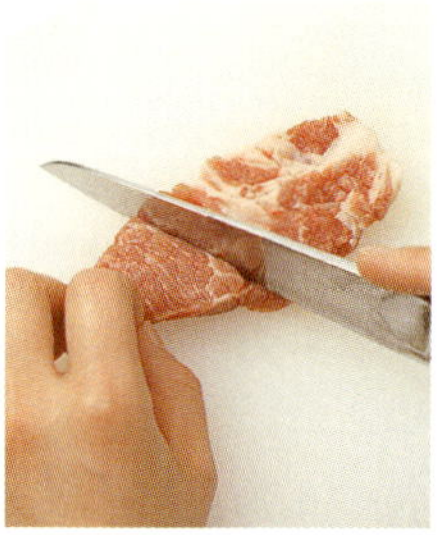

2 肉を下ゆでしてから煮る

豚肉を熱湯でさっと下ゆでし、玉ねぎとともにAで煮る。煮立ったら中火にして３～４分煮る。

3 仕上げる

まいたけを加えて、汁けがほとんどなくなるまで煮る。最後に水どきかたくり粉を回し入れて薄いとろみをつける。

副菜 しらたきの明太子あえ

材料(１人分)

しらたき50ｇ　からし明太子(薄皮を除く)10ｇ　ごま油小さじ¼

作り方

1. しらたきは食べやすい長さに切る。かぶるくらいの水を注いでゆで、水けをよくきる。
2. 明太子、ごま油を合わせ、しらたきをあえる。

副菜 ブロッコリーのいため物磯風味

材料(１人分)

ブロッコリー30ｇ　A(しょうゆ小さじ½　塩少々)　とろろ昆布少々　サラダ油小さじ１

作り方

1. ブロッコリーは小房に分け、大きいものは二つ～三つに切る。
2. フライパンにサラダ油を熱してブロッコリーをさっといため、水大さじ１を加える。水けがなくなるまでいためてAで調味し、ちぎったとろろ昆布を加えて全体にからめる。

おすすめアレンジ

主菜をアレンジ
豚肉のケチャップしょうゆ煮
副菜をアレンジ
しらたきの青のり風味あえ
副菜をアレンジ
ブロッコリーの甘辛いため
162ページ参照

詰め方のポイント

一方の弁当箱にごはんを詰め、梅干し小２個、おたふく豆１個をのせて顔に見立てると、ふたをあけたときに楽しい。もう一方の弁当箱には汁けをきった主菜をカップに入れて詰め、副菜もそれぞれカップに入れて詰めると動いても味がまざらない。

豚肉のオイスターソース焼き弁当

オイスターソース焼きのたれがごはんにしみ込んで、これがまたたまらないおいしさ。味つけはもちろんですが、それぞれ食感の違う野菜の副菜を添えると飽きずにおいしく食べられます。

640 kcal

15 分

menu

✻主菜
豚肉のオイスターソース焼き

★副菜
ターサイの中華あえ
ごましょうゆ味

♡副菜
れんこんのピリ辛いため

ごはん
さくら漬け（市販品）

✻ 主菜

豚肉のオイスターソース焼き

材料（１人分）

豚ヒレかたまり肉		80ｇ
小麦粉		少々
A	オイスターソース	大さじ½
A	鶏ガラスープのもと	少々
A	水	大さじ１
サラダ油		大さじ½

1 肉を切って粉をまぶす

豚肉は１㎝厚さに切って、小麦粉を薄くまぶす。

2 焼く

フライパンにサラダ油を熱して豚肉を並べ、途中上下を返してこんがりと焼き色がつくまで中火で２分ほど焼く。

3 仕上げる

合わせたAを加えて、汁けがほとんどなくなるまで煮からめる。

★ 副菜

ターサイの中華あえ ごましょうゆ味

材料（１人分）

ターサイ（ほかの青菜でも）50ｇ　Ａ（鶏ガラスープのもと少々　すり黒ごま大さじ１　しょうゆ小さじ１　ごま油小さじ¼）

作り方

❶ターサイは長さを３等分して、塩少々（分量外）を加えた熱湯でさっとゆでて水にとり、水けをよくしぼる。

❷Ａを合わせて①をあえる。

♡ 副菜

れんこんのピリ辛いため

材料（１人分）

れんこん50ｇ　小麦粉、一味とうがらし各少々　Ａ（砂糖、しょうゆ、水各小さじ１　塩少々）　サラダ油大さじ½

作り方

❶れんこんは皮をむいて１㎝厚さの半月切りにし、酢少々（分量外）を加えた水に１分さらして、水けをふく。

❷①に小麦粉を薄くまぶし、サラダ油でこんがりと焼き色がつくまでいためる。Ａを加えて全体にからめ、一味とうがらしを振る。

詰め方のポイント

ごはんを詰めてメインの豚肉をのせ、ボリューム満点のどんぶり風に。おかず用の弁当箱に、れんこんのいため物を詰めてから、中華あえをカップに入れて詰めると仕切りも兼ねて味が移らない。さくら漬けなどで赤い彩りを添えて。

おすすめアレンジ

✽主菜をアレンジ
豚肉のマヨ焼き

★副菜をアレンジ
ターサイの中華あえさっぱり塩味

♥副菜をアレンジ
れんこんのウスターソースいため

161ページ参照

アスパラの豚肉巻き弁当

使い勝手と彩り!?　いいえ、アスパラは栄養的にもスグレモノです

762 kcal

25 分

menu

- 主菜　アスパラの豚肉巻き
- 副菜　いかとじゃがいものうま煮
- 副菜　あさりと小松菜のあえ物
- 主食　わかめおにぎり
- ミニトマト

主菜

アスパラの豚肉巻き

材料（１人分）

豚薄切り肉100ｇ　グリーンアスパラガス4本　A（酒、しょうゆ各少々）　サラダ油小さじ１強

作り方

1. 豚肉はＡで下味をつける。アスパラガスは根元のかたいところを除き、熱湯でゆでて冷ます。
2. 豚肉を広げ、アスパラガスをしんにして巻く。
3. フライパンにサラダ油を熱し、②の巻き終わりを下にして入れ、転がしながら焼く。冷めたら食べやすく切る。

副菜

いかとじゃがいものうま煮

材料（１人分）

いかの胴¼ぱい分　じゃがいも80ｇ　A（酒小さじ1　砂糖小さじ1弱　しょうゆ小さじ２）　だし¼カップ

作り方

1. いかは１㎝幅に切り、じゃがいもは皮をむいて一口大に切り、水にさらす。
2. 小なべにＡを合わせ、いかをさっと煮てとり出す。残りの煮汁にだしを加えてじゃがいもを入れ、汁けがなくなるまで煮る。

副菜

あさりと小松菜のあえ物

材料（１人分）

あさりのむき身40ｇ　小松菜50ｇ　酒少々　A（だし、しょうゆ各少々）　B（しょうゆ、みりん、酢、ねりがらし各少々）

作り方

1. あさりは酒を振り、蒸し煮にして冷ます。
2. 小松菜はゆでてざく切りにし、①と合わせてＡを振る。
3. ②を軽くしぼって、合わせたＢであえる。

主食

わかめおにぎり

材料（１人分）

ごはん200ｇ　おにぎり用の乾燥わかめ少々　焼きのり適量

作り方

あたたかいごはんにわかめをまぜて三角ににぎり、あら熱がとれたら帯状に切ったのりを巻く。

詰め方のポイント

アスパラ巻きは切り口を上にして詰め、ミニトマトを添える。仕切りをはさんで副菜の汁けをきって詰める。仕切りがない場合はカップに入れて。

443 kcal

25 分

買いおき野菜でアレンジ自在。もちろんボリュームもアップ！

豚肉の野菜巻き弁当

menu

✽主菜 豚肉の野菜巻き
★副菜 きのこのマリネ
♡副菜 里いものごまあえ

ごはん
サラダ菜

詰め方のポイント

野菜巻きは切り口が見えるように、弁当箱の深さに合わせて食べやすく切って詰める。サラダ菜でおかずを仕切ると彩りがよい。

教えて！

Q 肉を焼くときに巻き終わりを下にするのはなぜ？

A 肉がはがれないようにするためです。せっかくきっちり巻いても、焼くときに肉がはがれてしまっては台なしです。まず、巻き終わりを先に焼きつけて肉の端がくっついたら、転がしながら全体に焼き色をつけて中まで火を通します。

✽主菜

豚肉の野菜巻き

材料（1人分）

豚赤身薄切り肉80g　セロリ、にんじん各30g　A（しょうゆ、酒各小さじ1）　サラダ油小さじ1

作り方

1. 豚肉は1枚ずつ広げてAを振る。
2. セロリは筋をとり、にんじんは皮をむいて、それぞれ5㎜角の棒状に切る。
3. 豚肉の汁けをきって広げ、手前に②を適宜のせてきっちり巻き込む。
4. フライパンにサラダ油を熱し、③の巻き終わりを下にして並べ、転がしながら全体に焼き色をつけて焼く。

★副菜

きのこのマリネ

材料（1人分）

生しいたけ3個　しめじ½パック　玉ねぎ¼個　塩、こしょう各少々　酢大さじ½　サラダ油小さじ1

作り方

1. しいたけは軸を切り落として四つ割りにし、しめじは石づきを除いてほぐす。玉ねぎは薄切りにする。
2. フライパンにサラダ油を熱して玉ねぎをいため、しんなりしたらしいたけ、しめじを加えていため、塩、こしょうで調味する。
3. 仕上げに酢を振り入れて、強火でさっと汁けをとばして火を止める。

♡副菜

里いものごまあえ

材料（1人分）

里いも80g　A（すり白ごま、砂糖、しょうゆ各小さじ1　だし小さじ½）

作り方

1. 里いもは皮を厚めにむいて一口大に切り、やわらかくゆでてざるに上げ、水けをきる。
2. Aはなめらかにまぜ合わせ、里いもを加えてからめるようにまぜる。

副菜
蒸し野菜の梅肉ソース

材料（1人分）

グリーンアスパラガス、かぼちゃ各40ｇ　なす30ｇ　梅肉4ｇ　A（みりん、酒、だし各小さじ1）

作り方

1. アスパラガスは根元のかたいところを除き、下のほうの皮を薄くむいて三つに切る。
2. かぼちゃは種とわたを除いて一口大に切り、なすはへたをとって2㎝厚さの輪切りにし、水に放す。
3. ①、②を別々にラップに包み、電子レンジで加熱してやわらかくする。
4. 梅肉にAを加えてときのばし、別器に入れる。

★レンジ加熱の目安はなす30秒、アスパラ40秒、かぼちゃ50秒。

副菜
しいたけのツナ焼き

材料（1人分）

生しいたけ2個　ツナの水煮（缶詰め）20ｇ　甘みそ小さじ⅔

作り方

1. しいたけは軸を切り落とし、ぬれぶきんでふいて汚れをとる。
2. ツナに甘みそを加えてまぜ、しいたけの笠の裏に塗ってオーブントースターでこんがりと焼く。

教えて！

Q お弁当箱をあけたら中がグチャグチャ。きれいに詰めたのに！

A 詰めるときについ忘れがちなのがお弁当箱の深さ。隅々まできちんと詰めても、ふたとの間にすき間が多いと、少し横にしただけでも動いてしまいます。ごはんやおかずをお弁当箱の深さの9割ほどまでかさ高く詰めると安定します。

肉、野菜、ツナ缶のベストなとり合わせに食欲をそそられます

豚肉の香味焼き弁当

571 kcal　25 分

menu

主菜　豚肉の香味焼き

副菜　蒸し野菜の梅肉ソース

副菜　しいたけのツナ焼き

ごはん

主菜
豚肉の香味焼き

材料（1人分）

豚もも薄切り肉80ｇ　A（ねぎの小口切り、おろししょうが各少々　しょうゆ、みりん各小さじ1）　ごま油小さじ½

作り方

1. 豚肉は一口大に切ってAをからめ、約20分おいて下味をつける。
2. フライパンにごま油を熱し、①の豚肉を広げて入れ、両面に焼き色がつくまで焼く。

詰め方のポイント

豚肉の香味焼きは汁けをきってカップに入れて詰める。ツナ焼き、野菜は材料別に彩りよく並べて詰め、別器に入れた梅肉ソースを添える。

肉のうまみを逃がさないように、
下味をからめて香ばしく焼きます

豚肉のつけ焼き弁当

669 kcal　25 分

menu

- ✱主菜　豚肉のつけ焼き
- ★副菜　もやしとかにかまの中華風あえ物
- ♡副菜　じゃがいもの粉ふき煮
- ♣副菜　かぶときゅうりの昆布漬け
- ♠副々菜　ゆでアスパラ

ごはん　ふりかけ(市販品)

詰め方のポイント

ごはんを詰めて好みのふりかけをかける。主菜を詰め、副菜はそれぞれの弁当箱にバランスよく詰める。すき間にはゆでアスパラを。

♣副菜

かぶときゅうりの昆布漬け

材料(1人分)

かぶ小½個　きゅうり¼本　塩小さじ¼　昆布2cm角1枚

作り方

かぶときゅうりは3～4mm厚さに切り、塩を振って昆布を加え、ボウルなどで軽く重しをする。しんなりしたら水けをしぼる。

♠副々菜

ゆでアスパラ

材料(1人分)

グリーンアスパラガス2本

作り方

アスパラガスは根元のかたいところを除き、熱湯でゆでて三つに切る。

★副菜

もやしとかにかまの中華風あえ物

材料(1人分)

もやし50g　かに風味かまぼこ1本　A(しょうゆ小さじ1　酢小さじ½　砂糖、ラー油各少々)

作り方

❶もやしは熱湯でゆで、水けをきって冷ます。

❷かまぼこは4cm長さに切ってほぐし、もやしとともにAであえる。

♡副菜

じゃがいもの粉ふき煮

材料(1人分)

じゃがいも大½個　A(だし大さじ1　しょうゆ小さじ½)

作り方

❶じゃがいもは皮をむき、2cm角に切ってゆでる。湯をきって水分をとばし、粉ふきにする。

❷Aを加えてさっと煮からめる。

✱主菜

豚肉のつけ焼き

材料(1人分)

豚肩ロース肉(しょうが焼き用)80g　A(しょうゆ小さじ1強　酒、かたくり粉各小さじ½　砂糖少々)　サラダ油小さじ1

作り方

❶豚肉は一口大に切ってAをからめ、5～6分おく。

❷フライパンにサラダ油を熱し、①の両面をこんがりと焼いて火を通す。

育ち盛りの男の子にはビタミンB_1の多い豚肉で元気印のお弁当を

みそ風味ヒレカツ弁当

640 kcal　30 分

menu

- ✻主菜　みそ風味ヒレカツ
- ★副菜　にんじん入り卵焼き
- ♥副菜　いんげんのおかか煮
- ♣副菜　バターポテト

ごはん　青のり
レタス

✻主菜

みそ風味ヒレカツ

材料（1人分）

豚ヒレ肉80ｇ　塩、こしょう各少々　A（小麦粉、とき卵、パン粉各適量）　B（赤みそ、みりん各小さじ1）　揚げ油適量

作り方

❶豚肉は7～8㎜厚さに切って軽くたたき、塩、こしょうを振る。
❷Aの衣を順にまぶし、175度に熱した揚げ油でからりと揚げる。
❸Bを合わせてなめらかにまぜる。
❹②のカツを食べやすく切り、③のみそをかける。

★副菜

にんじん入り卵焼き

材料（1人分）

卵1個　にんじんのすりおろし大さじ1　A（塩少々　砂糖小さじ1）　サラダ油少々

作り方

❶卵は割りほぐしてAをまぜ、にんじんのすりおろしを加える。
❷卵焼き器を熱してサラダ油をなじませ、①の卵液を2～3回に分けて流しながら巻き重ねて焼き、食べやすく切る。

♥副菜

いんげんのおかか煮

材料（1人分）

さやいんげん60ｇ　A（だし½カップ　酒、しょうゆ各小さじ⅔）　削りがつお少々

作り方

❶いんげんは4㎝長さに切る。
❷小なべにAを煮立て、いんげんを加えて5～6分煮、削りがつおをまぶす。

♣副菜

バターポテト

材料（1人分）

さつまいも60ｇ　塩少々　バター小さじ¾

作り方

❶さつまいもは六つ割りにして水にさらす。
❷水けをきってラップに包み、電子レンジで1分30秒加熱し、熱いうちに塩、バターをからめる。

詰め方のポイント

ごはんに青のりを振る。レタスを敷き、カツを詰めてみそをかける。卵焼きとポテトの間にカップに入れたおかか煮を詰めて仕切りも兼ねる。

menu

主菜
豚肉とたけのこの甘酢いため
副菜
チンゲンサイとしらすのソテー
副菜
キャベツ入りポテトサラダ

ごはん　いり黒ごま

食べ物を傷みにくくする働きのある「酢」を効果的に使って

豚肉とたけのこの甘酢いため弁当

668 kcal

20 分

詰め方のポイント

ごはんを詰めて黒ごまを振り、仕切りをはさんで豚肉とたけのこを交互に並べて詰める。仕切りがない場合は、副菜２品をカップに入れて詰める。

主菜

豚肉とたけのこの甘酢いため

材料(１人分)

豚肉30ｇ　ゆでたけのこ40ｇ　Ａ(しょうゆ、酒、かたくり粉各少々)　Ｂ(しょうゆ、酢、砂糖、水各少々)　サラダ油少々

作り方

❶豚肉は一口大に切り、Ａで下味をつける。たけのこは縦に薄切りにする。

❷サラダ油で①をいため、Ｂの甘酢をからめる。

副菜

キャベツ入りポテトサラダ

材料(１人分)

じゃがいも50ｇ　キャベツ1/3枚　Ａ(マヨネーズ大さじ1.5　レモン汁、こしょう各少々)

作り方

❶じゃがいもは皮をむいて薄切りにし、水にさらしてラップに包み、電子レンジで１分加熱して、あらくつぶす。キャベツはせん切りにする。

❷①にＡを加えてまぜる。

副菜

チンゲンサイとしらすのソテー

材料(１人分)

チンゲンサイ1/2株　しらす干し小さじ１　Ａ(しょうゆ、酒各少々)　ごま油小さじ１

作り方

❶チンゲンサイはざく切りにする。

❷ごま油でチンゲンサイをいため、しらすとＡを加えていため合わせる。

手間がかかっているようですが、トマトの水煮缶を使えば簡単！

豚肉のトマト煮弁当

854 kcal　25 分

menu

- ✻主菜　豚肉のトマト煮
- ★副菜　ポテトオムレツ
- ♡副菜　ブロッコリーのソテー
- ♣副々菜　コールスローサラダ

ごはん
煮豆、昆布のつくだ煮（市販品）

詰め方のポイント

ごはんとオムレツを詰め、煮豆、つくだ煮を添える。主菜の隣に味が移ってもだいじょうぶなブロッコリーを詰め、サラダは仕切りをはさんで。

★副菜

ポテトオムレツ

材料（1人分）

卵、じゃがいも各1個　プロセスチーズ20ｇ　A（パセリのみじん切り、塩、こしょう各少々）　バター小さじ2

作り方

1. じゃがいもは皮をむき、薄切りにして水にさらし、ゆでる。チーズはさいの目切りにする。
2. 卵は割りほぐして①、Aを加えてまぜる。
3. フライパンにバターをとかし、②を流し入れてオムレツ形に焼き、食べやすく切る。

♡副菜

ブロッコリーのソテー

材料（1人分）

ブロッコリー5房　塩、こしょう、サラダ油各少々

作り方

1. ブロッコリーは、塩少々（分量外）を加えた熱湯でゆでる。
2. フライパンにサラダ油を熱して①をいため、塩、こしょうで調味する。

♣副々菜

コールスローサラダ

材料（1人分）

キャベツ、きゅうり、にんじん、好みのドレッシング各適量

作り方

野菜はせん切りにしてまぜ、ドレッシングを別の容器に入れる。

✻主菜

豚肉のトマト煮

材料（1人分）

豚薄切り肉60ｇ　トマトの水煮（缶詰め）½缶　玉ねぎ¼個　マッシュルーム1個　小麦粉少々　固形スープ½個　塩、こしょう、サラダ油各適量

作り方

1. 豚肉は一口大に切って塩、こしょう各少々を振る。
2. 玉ねぎとマッシュルームは薄切りにする。
3. 豚肉に小麦粉を薄くまぶして、サラダ油少々でいため、いったんとり出す。サラダ油少々を足して②をいためる。
4. トマトの水煮、固形スープ、水¼カップを加え、煮立ったら豚肉を戻し入れて煮詰め、塩、こしょう各少々で調味する。

♡副菜

野菜の甘酢漬け

材料（１人分）

にんじん、大根各30ｇ　きゅうり¼本　塩小さじ¼　Ａ（酢、砂糖各小さじ２　サラダ油小さじ¼）

作り方

❶にんじんと大根は皮をむき、それぞれ７～８㎜角、３㎝長さの拍子木切りにする。

❷きゅうりは四つ割りにして塩を振り、軽くもんで５分ほどおく。しんなりしたら水けをきる。

❸小なべにＡを入れて煮立て、火からおろして①と②を入れ、そのまま冷まして味をなじませる。

★副菜

こんにゃくステーキ

材料（１人分）

こんにゃく½枚　Ａ（しょうゆ大さじ½　みりん小さじ１）　サラダ油小さじ１

作り方

❶こんにゃくは２分ほどゆでてざるに上げ、水けをきる。片面に５㎜幅の斜め格子の浅い切り目を入れる。

❷フライパンにサラダ油を熱して①を入れ、焦げ目がつくくらいに両面を焼き、Ａを振り入れてからめる。冷めたら食べやすく切る。

✱主菜

豚肉のカレー煮

材料（１人分）

豚赤身薄切り肉70ｇ　じゃがいも80ｇ　キャベツ70ｇ　にんじん30ｇ　スープ1.5カップ　Ａ（トマトケチャップ大さじ１　カレー粉小さじ１　塩、こしょう各少々）

作り方

❶豚肉は５㎝幅に切る。

❷じゃがいもは皮をむいて四つ割りにし、水にさらす。

❸キャベツは軸をそぎとって一口大のざく切りにし、にんじんは皮をむいて７㎜厚さの輪切りにする。

❹スープを煮立ててＡで調味し、①、②、③を加えて中火でやわらかくなるまで煮る。

じゃがいもとカレー粉の偉大なる力を借りて満足、満腹！

豚肉のカレー煮弁当

menu

✱主菜　豚肉のカレー煮
★副菜　こんにゃくステーキ
♡副菜　野菜の甘酢漬け

ごはん

464 kcal　25 分

詰め方のポイント

味が移らないようにそれぞれ仕切って詰める。仕切りがない弁当箱の場合はカップやバランを利用したり、ごはんとおかずを別々に詰めても。

鶏肉のごまから揚げ弁当

揚げ物をするのはめんどう、でも食べたい！　それならこれをお試しを。少量の油で揚げるのでまるでいため物をするような感覚でOK。乾物は前日の夜にもどしておくと朝がらくです。

menu

主菜
鶏肉のごまから揚げ

副菜
野沢菜のピリ辛いため

副菜
ひじきといんげんの卵とじ

ごはん

855 kcal　20 分

主菜

鶏肉のごまから揚げ

材料（1人分）

鶏胸肉		½枚
A	みりん	大さじ½
	しょうゆ	大さじ½
B	とき卵	½個分
	小麦粉	大さじ1
C	いりごま（黒、白）	各小さじ1
	青のり	小さじ1
サラダ油		大さじ3

1 肉に下味をつける

鶏肉は一口大に切り、Aをよくもみ込んで下味をつけ、10分ほどおく。

2 衣をからめる

鶏肉の汁けをペーパータオルでふいてボウルに入れ、Bを加えてまぜ、全体にからめる。

3 ごまをつけて揚げる

Cを合わせて2の片面にまぶしながら、サラダ油を熱したフライパンに入れ、弱めの中火で途中上下を返して2～3分いため揚げにする。

副菜

野沢菜のピリ辛いため

材料（1人分）

野沢菜漬け20ｇ　赤とうがらしの小口切り少々　ごま油小さじ½

作り方

1. 野沢菜漬けは小口切りにし、汁けをしぼる。
2. フライパンにごま油、赤とうがらしを入れ、香りが立ったら野沢菜漬けを加えていためる。

副菜

ひじきといんげんの卵とじ

材料（1人分）

ひじき５ｇ　さやいんげん40ｇ　Ａ（だし¼カップ　砂糖大さじ½　しょうゆ小さじ１）　とき卵½個分

作り方

1. ひじきは水でもどし、水を３～４回かえてから、１～２分ゆでて水けをよくきる。
2. いんげんは３cm長さに切り、塩少々（分量外）を加えた熱湯でゆでて水にとり、水けをふく。
3. Ａで①、②を煮て、汁けがほとんどなくなったら、とき卵を回し入れて火を通す。

おすすめアレンジ

主菜をアレンジ
チキンカツ

副菜をアレンジ
野沢菜のごま風味いため

副菜をアレンジ
ひじきのマヨあえ

164ページ参照

詰め方のポイント

一方の弁当箱にごはんを詰めて野沢菜のピリ辛いためをのせる。もう一方の仕切りのある弁当箱にから揚げ、卵とじを詰める。仕切りがない弁当箱なら卵とじをカップに入れたり、バランで仕切ると、から揚げが湿ったりしないでおいしく食べられる。

鶏肉とにんじんのいり煮弁当

肉と野菜をバランスよく食べられるいり煮も、フライパンなら手早くできて失敗知らず。カルシウム補給も防腐対策も完璧のお弁当です。

menu

✽主菜
鶏肉とにんじんのいり煮

★副菜
小松菜とじゃこの煮びたし

♡副菜
きゅうりの梅肉あえ

ごはん

601 kcal　15 分

✽ 主菜

鶏肉とにんじんのいり煮

材料（1人分）

鶏もも肉	½枚
にんじん	¼本
生しいたけ	2個
砂糖	小さじ2
A しょうゆ	大さじ1
A だし	½カップ
七味とうがらし	少々
サラダ油	小さじ1

1 下ごしらえをする

にんじんは皮をむいて乱切りにし、下ゆでしてざるに上げる。しいたけは軸を切り落として笠に飾り包丁をする。鶏肉は大きめの一口大に切る。

2 肉を焼き、まず砂糖を入れる

フライパンにサラダ油を熱して、鶏肉の皮目から焼き、砂糖を振り入れて全体にからめる。

3 残りの調味料と野菜を加えて煮る

鶏肉の上下を返してAを注ぎ、にんじん、しいたけを加えて4～5分煮る。汁けをきって七味とうがらしを振る。

★ 副菜

小松菜とじゃこの煮びたし

材料（1人分）

小松菜50g　A（ちりめんじゃこ5g　だし¼カップ　しょうゆ小さじ1）

作り方

1. 小松菜は2cm長さに切る。
2. 小なべにAを煮立てて小松菜を加え、しんなりしたら火を止める。

♡ 副菜

きゅうりの梅肉あえ

材料（1人分）

きゅうり½本　梅干し大½個　みりん小さじ¼

作り方

1. きゅうりはめん棒などで軽くたたいてひびを入れ、乱切りにする。
2. 梅干しは種を除き、包丁でこまかくたたいてみりんをまぜ、きゅうりをあえる。

詰め方のポイント

ごはんを詰めてから菜箸で梅肉あえを添えるスペースをあけ、カップに入れて詰める。コロコロした煮物は動きやすいので汁けをきって積み重ねながらカップに入れ、すき間に汁けをきった小松菜とじゃこの煮びたしを詰めてしっかり安定させる。

おすすめアレンジ

✽ 主菜をアレンジ
鶏肉の照り焼き

★ 副菜をアレンジ
小松菜のおひたし

♡ 副菜をアレンジ
きゅうりのみそあえ

165ページ参照

鶏ささ身のハーブベーコン巻き弁当

ハーブの風味とベーコンのうまみがからまって、淡泊なささ身がこくのある味わいになります。もちろん野菜をたっぷり添えて。ハーブがなかったらアレンジの和風味でも美味。

545 kcal

15 分

✱ 主菜

鶏ささ身のハーブベーコン巻き

材料（２人分）

鶏ささ身 ………………………… ２本
ベーコン ………………………… 1.5枚
塩 ………………………… 小さじ¼
こしょう ………………………… 少々
バジル、オレガノ（ドライ）
………………………… 合わせて小さじ½
サラダ油 ………………………… 小さじ１

1 下ごしらえをする

ささ身は筋を除き、３等分のそぎ切りにして塩、こしょうを振る。ベーコン１枚は縦横半分に切る。残り½枚は縦半分に切る。

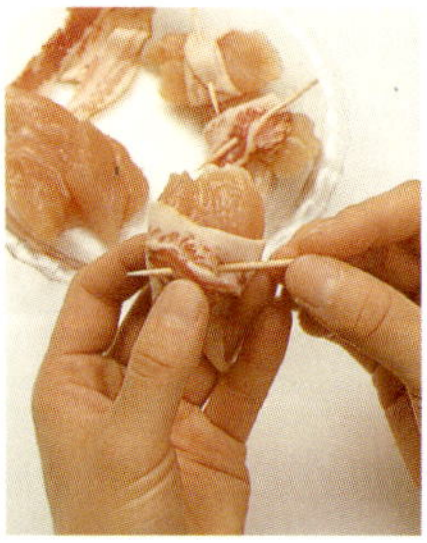

2 ささ身をベーコンで巻く

ささ身をベーコンで巻き、巻き終わりをようじで止める。

3 焼く

フライパンにサラダ油を熱して2を入れ、上下を返して２～３分焼き、ハーブを散らして火を止める。あたたかいうちにようじを抜く。

★ 副菜

ゆで卵ときゅうりのサラダ

材料（１人分）

卵１個　きゅうり½本　A（粒マスタード小さじ½　マヨネーズ大さじ１）

作り方

①卵はかぶるくらいの水に入れ、酢少々（分量外）を加えて火にかけ、煮立ったら弱火にして約11分ゆでてかたゆでにし、水にとって冷まし、殻をむく。
②きゅうりは薄い小口切りにして、水１カップに対して塩小さじ１の塩水（分量外）に10分つけてもみ、水けをよくしぼる。
③ゆで卵をあらみじんに切り、きゅうりとともにAであえる。

♥ 副菜

ブロッコリーとキャベツのいため物

材料（１人分）

ブロッコリー30ｇ　キャベツ１枚　玉ねぎ¼個　A（塩、あらびきこしょう各少々　水大さじ１）　オリーブ油小さじ２

作り方

①キャベツは４㎝角に切り、玉ねぎは横半分に切って薄切りにする。
②ブロッコリーは小房に分け、大きいものは半分に切って塩少々（分量外）を加えた熱湯でゆで、ざるに上げる。
③フライパンにオリーブ油を入れて①をいため、しんなりしたらブロッコリー、Aを加えて水分がなくなるまでいためる。

menu

✱ 主菜
鶏ささ身のハーブベーコン巻き

★ 副菜
ゆで卵ときゅうりのサラダ

♥ 副菜
ブロッコリーとキャベツのいため物

バゲット

詰め方のポイント

最初に鶏ささ身のハーブベーコン巻きを半量詰め、サラダといため物はそれぞれカップに入れて詰めると味が移らない。主食のバゲットを添えてセルフサンドにしても。おかずだけを弁当箱に詰めてパンは別に添えてもＯＫ。主食は好みのパンやごはんでもよい。

おすすめアレンジ

✻ 主菜をアレンジ
鶏ささ身のベーコン巻き はちみつしょうゆ味

★ 副菜をアレンジ
ごま塩ゆで卵

♡ 副菜をアレンジ
ブロッコリーのイタリアンソテー

166ページ参照

♡副菜
ほうれんそうとベーコンのソテー

材料（１人分）

ほうれんそう¼束　ベーコン１枚　塩、こしょう、サラダ油各少々

作り方

❶ほうれんそうは熱湯でゆでて水にとり、３㎝長さに切って水けをよくしぼる。ベーコンは細切りにする。

❷フライパンにサラダ油を熱して①をいため、塩、こしょうで調味する。

♧副々菜
じゃがいもの甘辛煮

材料（１人分）

じゃがいも１個　グリンピース（冷凍）少々　砂糖大さじ１　しょうゆ小さじ１

作り方

じゃがいもは１㎝角に切り、ひたひたの水、砂糖で煮る。煮汁が⅓量になったらしょうゆを加え、なべを揺すりながら煮、グリンピースを散らす。

♤副々菜
かぶの甘酢漬け

材料（１人分）

かぶ１個　かぶの葉少々　Ａ（酢⅕カップ　砂糖小さじ２）

作り方

かぶは薄切りにし、葉も刻んで合わせ、塩少々（分量外）を振ってもみ、水けをしぼってＡにつける。

◇主食
たらこごはん

材料（１人分）

ごはん180ｇ　たらこ¼腹　万能ねぎの小口切り少々

作り方

たらこは焼いてほぐす。弁当箱にごはんを詰め、上にたらこを振り、万能ねぎを散らす。

✳主菜
鶏肉のから揚げ

材料（１人分）

鶏もも肉70ｇ　Ａ（酒少々　しょうゆ小さじ２）かたくり粉、揚げ油各適量

作り方

❶鶏肉は一口大に切り、Ａをよくもみ込んで下味をつける。

❷鶏肉の汁けをペーパータオルでふいてかたくり粉を薄くまぶし、中温に熱した揚げ油でからりと揚げる。

☆副菜
卵焼き

材料（１人分）

卵１個　Ａ（だし大さじ２　砂糖小さじ２　塩少々）サラダ油少々

作り方

❶卵は割りほぐしてＡをまぜる。

❷卵焼き器にサラダ油を薄く引いて卵焼きを作り（86ページ参照）、食べやすく切る。

menu

- ✳主菜　鶏肉のから揚げ
- ☆副菜　卵焼き
- ♡副菜　ほうれんそうとベーコンのソテー
- ♧副々菜　じゃがいもの甘辛煮
- ♤副々菜　かぶの甘酢漬け
- ◇主食　たらこごはん

827 kcal　30 分

詰め方のポイント

から揚げ、卵焼きを詰め、その間にソテーを詰める。カップに入れた副副菜２品は、たらこごはんの横にバランスよく詰める。

から揚げ、卵焼きetc.。だれもが大好きなおかずのオンパレード

鶏肉のから揚げ弁当

鶏肉の香り揚げ弁当

香味野菜をきかせた、ふわふわの衣でおいしさアップ!

711 kcal　25 分

menu

- 主菜　鶏肉の香り揚げ
- 副菜　厚揚げといんげんの煮物
- 副菜　卵焼き
- 副菜　変わり焼きなす

ごはん　昆布のつくだ煮（市販品）
きゅうり　ミニトマト

詰め方のポイント

ごはんを詰めて昆布のつくだ煮をのせる。彩りのきれいなきゅうりの薄切り、半分に切ったミニトマトを仕切りにしておかずを詰め合わせる。

主菜

鶏肉の香り揚げ

材料（1人分）

鶏もも肉60ｇ　塩、こしょう各少々　A（しょうがとねぎのせん切り各少々　ウスターソース、しょうゆ各小さじ1　水大さじ2）小麦粉大さじ3　揚げ油適量

作り方

1. 鶏肉は一口大に切り、塩、こしょうをして下味をつける。
2. Aを合わせてまぜ、小麦粉を振り入れてさっくりとまぜる。
3. 鶏肉の汁けをふいて②の衣をたっぷりつけ、中温に熱した揚げ油でからりと揚げる。

副菜

厚揚げといんげんの煮物

材料（1人分）

厚揚げ1/6枚　さやいんげん2本　だし適量　A（砂糖、酒、しょうゆ各少々）

作り方

1. 厚揚げは熱湯をかけて油抜きし、一口大に切る。小なべに並べてひたひたのだし、Aを加えて煮含める。
2. いんげんはゆでて斜め薄切りにし、①の煮汁でさっと煮る。

副菜

卵焼き

材料（1人分）

卵1個　A（砂糖小さじ1　塩少々）サラダ油少々

作り方

1. 卵は割りほぐしてAをまぜる。
2. 卵焼き器にサラダ油を薄く引いて卵焼きを作り（86ページ参照）、食べやすく切る。

副菜

変わり焼きなす

材料（1人分）

なす小1個　A（だし、しょうゆ各小さじ1）一味とうがらし、サラダ油各少々

作り方

1. なすは輪切りにして水に放し、水けをきる。
2. フライパンにサラダ油を熱して①の両面をさっと焼き、Aにつけて味をなじませ、一味とうがらしを振る。

肉とさわやかな梅干しの酸味がマッチ。夏場のお弁当にもぴったり

鶏肉の梅干し蒸し弁当

533 kcal　20 分

menu

- 主菜　鶏肉の梅干し蒸し
- 副菜　アスパラのサラダ
- 副菜　こんにゃくのおかか煮
- 主食　のりと白ごまのおにぎり
- デザート　フルーツヨーグルト

詰め方のポイント

おにぎりを詰め、こんにゃくのおかか煮を添える。サラダ菜を仕切りにして主菜を詰め、サラダを添える。デザートは別の容器に入れること。

主菜

鶏肉の梅干し蒸し

材料（1人分）

鶏もも肉100g　梅干し1個　しめじ40g　ねぎ6cm　A（酒大さじ½　ごま油、薄口しょうゆ各小さじ1　こしょう適量）

作り方

1. 鶏肉は3cm角に切る。梅干しは種を除き、包丁でこまかくたたく。
2. しめじは石づきを除いて小房に分け、ねぎは斜め切りにする。
3. 耐熱ボウルに①、Aを入れてまぜ、5分おいて味をなじませる。
4. ③にねぎ、しめじを加えてまぜ、ラップをかけて電子レンジで3分加熱する。

副菜

アスパラのサラダ

材料（1人分）

グリーンアスパラガス50g　プロセスチーズ20g　ミニトマト2個　フレンチドレッシング（市販品）適量　サラダ菜適量

作り方

1. アスパラガスは根元の皮をむいて半分に切る。水でぬらし、ラップに包んで電子レンジで1分加熱し、水にとって冷まし、3cm長さに切る。
2. チーズは1cm角に切り、ミニトマトはへたをとって四つ割りにして①を合わせ、ドレッシングであえる。サラダ菜を敷いて詰める。

副菜

こんにゃくのおかか煮

材料（1人分）

こんにゃく50g　A（しょうゆ大さじ½　砂糖小さじ½）　削りがつお適量

作り方

1. こんにゃくは上下の面に斜め格子の切り目を入れて1.5cm角に切り、下ゆでする。
2. ①を耐熱皿にのせ、A、削りがつおを加えてまぜ、ラップをかけて電子レンジで1分加熱する。

主食

のりと白ごまのおにぎり

材料（1人分）

ごはん140g　焼きのり、白ごま各適量

作り方

あたたかいごはんを2等分して俵形ににぎり、1個には帯状に切ったのりを巻き、もう一つは香ばしくいったごまをまぶす。

デザート

フルーツヨーグルト

材料（1人分）

いちご3個　キーウィ½個　プレーンヨーグルト½カップ　はちみつ大さじ1

作り方

いちごとキーウィは一口大に切ってボウルに入れ、ヨーグルトとはちみつを加えてあえる。

♥副々菜

ブロッコリーの塩ゆで

材料(1人分)

ブロッコリー2房　塩少々

作り方

ブロッコリーは大きいものは半分に切り、塩を加えた熱湯でかためにゆで、ざるに上げて冷ます。

★副菜

野菜のいり煮

材料(1人分)

にんじん、ごぼう、さやいんげん、ぜんまいの水煮を合わせて50ｇ　砂糖、いり白ごま各少々　しょうゆ、サラダ油各小さじ1

作り方

❶にんじん、ごぼうは2㎝長さの細切り、いんげんは2㎝長さに切る。ぜんまいは食べやすく切る。

❷フライパンにサラダ油を熱して①をいため、しょうゆ、砂糖を加えていり煮にし、ごまを振る。

✱主菜

鶏肉の照り煮

材料(1人分)

鶏肉(もも肉でも胸肉でもよい)小1枚　A(酒、しょうゆ各大さじ3強　砂糖大さじ1)

作り方

❶鶏肉は余分な脂を除き、フォークで皮目を数カ所刺して味のしみ込みをよくしておく。

❷なべにAを合わせて鶏肉を入れ、煮立つまでは中火、あとは弱火にして、ときどき上下を返して煮汁がほとんどなくなるまで煮る。

menu

- ✱主菜　鶏肉の照り煮
- ★副菜　野菜のいり煮
- ♥副々菜　ブロッコリーの塩ゆで

ごはん
ふりかけ(市販品)
レタス　パセリ
ピクルス、黒オリーブ(市販品)

つやつやの照り、味、ボリューム、栄養もこれならパーフェクト

鶏肉の照り煮弁当

830 kcal　20 分

詰め方のポイント

ごはんを詰めてふりかけをかけ、いり煮とブロッコリーを添える。照り煮はレタスを敷いて詰め、ピクルスと黒オリーブを添えてパセリを飾る。

教えて！

Q お弁当を作ると野菜がいつも半端に残ってしまう

A お弁当に少量使うと中途半端に残ってしまう野菜は多いものです。ブロッコリー、いんげんはかためにゆでて冷凍保存を。にんじん、ごぼうなどは、お弁当用に専用の保存袋に入れておき、いり煮やいため物などにすれば少量ずつむだなく使いきることができます。

くしに刺して食べやすく。みぶ菜のかわりに野沢菜をごはんにまぜても

鶏ささ身とししとうのくし焼き弁当

menu

主菜	鶏ささ身とししとうのくし焼き
副菜	キャベツとさくらえびのおひたし
副菜	うにのせ卵
副々菜	にんじんの甘酢漬け
主食	みぶ菜ごはん

387 kcal　25 分

主菜

鶏ささ身とししとうのくし焼き

材料（1人分）

鶏ささ身60ｇ　生しいたけ1個　ししとうがらし2本　塩少々

作り方

❶ささ身は筋を除き、半分のそぎ切りにする。

❷しいたけは軸を切り落として半分に切る。

❸竹ぐしに①、②、ししとうを刺して全体に塩を振り、オーブントースターで火が通るまで焼く。

副菜

キャベツとさくらえびのおひたし

材料（1人分）

キャベツ2枚　A（さくらえび大さじ2　だし大さじ1　しょうゆ小さじ1）

作り方

❶キャベツは軸を除いて塩少々（分量外）を加えた熱湯でゆで、水にとって軽くしぼり、食べやすい大きさに切る。

❷Aを合わせて①をあえる。

副菜

うにのせ卵

材料（1人分）

卵1個　ねりうに小さじ¼　いり黒ごま少々

作り方

❶卵は酢少々（分量外）を加えた水からゆで始め、沸騰したら火を弱め、さらに10分ゆでる。

❷①を冷水にとって殻をむき、半分に切る。黄身にねりうにをのせてごまを振る。

副々菜

にんじんの甘酢漬け

材料（1人分）

にんじん2～3㎝　A（酢大さじ1.5　砂糖小さじ1　水大さじ1　塩少々）

作り方

にんじんはせん切りにして熱湯で1～2分ゆでて水けをきり、Aの甘酢に10分以上つけて味をなじませる。

主食

みぶ菜ごはん

材料（1人分）

ごはん150ｇ　みぶ菜の漬け物大さじ2

作り方

みぶ菜の漬け物はみじん切りにして水けをしぼり、あたたかいごはんにまぜる。

詰め方のポイント

みぶ菜ごはんを詰める。くし焼きは竹ぐしの余分な長さを切って入れる。おひたしと甘酢漬けは汁けをきってカップに入れて詰める。

一見和風弁当のようですが、豆板醤で味のアクセントを

鶏肉のピリ辛焼き弁当

635 kcal　20 分

menu

主菜
鶏肉のピリ辛焼き
副菜
ふきとたけのこの煮物
副菜
かに入り卵焼き

ごはん
桜でんぶ（市販品）
青じそ

主菜
鶏肉のピリ辛焼き

材料（1人分）
鶏ささ身大1本　A（豆板醤（トウバンジャン）、酒、塩、こしょう各少々）　サラダ油少々

作り方
①ささ身は一口大のそぎ切りにする。
②フライパンにサラダ油を熱して①をいため、Aを加えて味をからめる。

副菜
ふきとたけのこの煮物

材料（1人分）
ふき（水煮でも）、ゆでたけのこ各50g　わかめ（もどしたもの）少々　A（だし¼カップ　薄口しょうゆ大さじ½　酒、みりん各少々）

作り方
①ふきは前日にゆでて皮をむき、4cm長さに切る。ゆでたけのことわかめは一口大に切る。
②小なべにAを合わせ、ふき、たけのこを煮含め、仕上げにわかめを加えてさっと煮る。

詰め方のポイント

ごはんを詰めて桜でんぶを帯状にのせるときれい。おかずは煮物をはさんで青じそなどで仕切り、ピリ辛焼きと卵焼きを分けて詰める。

副菜
かに入り卵焼き

材料（1人分）
卵小2個　かにのほぐし身（缶詰め）20g　A（酒、砂糖、塩各少々）　サラダ油適量　あれば木の芽少々

作り方
①卵は割りほぐして、かに、Aをまぜる。
②フライパンにサラダ油を引き、①を流し入れて焼く。半熟状になったら端から巻いて筒状に仕上げ、食べやすく切って、あれば木の芽を飾る。

教えて！

Q 朝忙しいので お弁当のおかずの味つけが ついワンパターンに

A 得意なメニューが限られていても、味つけにちょっと変化をつけるだけで違うおかずになります。ここで使った豆板醤、こくのあるオイスターソース、風味豊かなドライハーブなどを使えば、いつものおかずが中華風や洋風に。小さい容器でも売られているのでお試しを。

ヘルシーだけど、ボリューム、味わいともに大満足のお弁当です

フライドチキン弁当

467 kcal　25 分

menu

主菜
フライドチキン
副菜
こんにゃくと野菜の煮物
副菜
菜の花のからしあえ

ごはん　いり黒ごま
サラダ菜

★副菜

こんにゃくと野菜の煮物

材料（1人分）

こんにゃく¼枚　にんじん30ｇ　生しいたけ2個　だし⅓カップ　A（しょうゆ、みりん各大さじ2　酒大さじ1）

作り方

1 こんにゃくはスプーンで小さくちぎり、熱湯で1～2分ゆでて、水けをきる。

2 にんじんは皮をむいて7～8㎜厚さの半月切りにし、しいたけは石づきを除いて四つ割りにする。

3 小なべにだしを煮立ててAで調味し、こんにゃくとにんじんを入れる。再び煮立ったら弱火にし、7～8分煮て味を含ませ、しいたけを加えてさらに2～3分煮る。

♡副菜

菜の花のからしあえ

材料（1人分）

菜の花80ｇ　A（しょうゆ大さじ¼　だし小さじ⅓強　ねりがらし小さじ¼）

作り方

1 菜の花は根元のかたいところを3～4㎝切り落として塩少々（分量外）を加えた熱湯で色鮮やかにゆで、冷水にとって水けをしぼる。

2 Aをなめらかにまぜ合わせて①をあえる。

詰め方のポイント

ごはんを詰め、いり黒ごまを振る。仕切りをはさんでフライドチキンを詰め、サラダ菜を仕切りにして、汁けをきった副菜2品を彩りよく詰める。

✱主菜

フライドチキン

材料（1人分）

鶏ささ身80ｇ　しょうゆ、酒各小さじ1　小麦粉大さじ½　揚げ油適量

作り方

1 ささ身は筋を除き、大きめの一口大のそぎ切りにする。しょうゆ、酒を振り、10分ほどおいて下味をつける。

2 ①の汁けを軽くふき、小麦粉を全体に薄くまぶしつける。

3 170度に熱した揚げ油にささ身を入れ、肉が浮いてきて表面がきつね色になるまで揚げる。

手羽先のヨーグルト煮込み弁当

鶏手羽もヨーグルトで煮るとやわらかに。ごはんもカルシウムたっぷり

592 kcal

30 分

詰め方のポイント

チャーハンを詰め、それぞれの仕切りに主菜、副菜を詰め、すき間にゆでアスパラ、ミニトマト、かたゆで卵1切れを彩りよく詰める。

menu

✱主菜
手羽先のヨーグルト煮込み

★副菜
チンゲンサイのおひたし

♡副々菜
ゆでアスパラ

♣主食
さくらえび入りチャーハン

ゆで卵
ミニトマト

✱主菜

手羽先のヨーグルト煮込み

材料(1人分)

鶏手羽先50ｇ　プレーンヨーグルト1カップ　カレールー(市販品)30ｇ　塩、こしょう各少々　サラダ油小さじ2

作り方

1. 手羽先は先の部分を切り落とし、塩、こしょう各少々を振る。
2. フライパンにサラダ油を熱して①を入れ、焼き色をつける。
3. ヨーグルトを加えて6～7分煮、カレールーを刻んで加え、煮詰める。

★副菜

チンゲンサイのおひたし

材料(1人分)

チンゲンサイ½株　A(だし大さじ1　しょうゆ、ごま油各小さじ1)

作り方

1. チンゲンサイは熱湯でゆでて水にとり、水けをしぼって3㎝長さに切る。
2. Aを合わせて①をあえる。

♡副々菜

ゆでアスパラ

材料(1人分)

グリーンアスパラガス1本

作り方

アスパラガスは根元のかたいところを除いて、塩少々(分量外)を加えた熱湯で色よくゆでて冷水にとり、水けをきって4㎝長さに切る。

♣主食

さくらえび入りチャーハン

材料(1人分)

ごはん160ｇ　さくらえび10ｇ　A(しょうがの薄切り1枚　ねぎ3㎝)しょうゆ、サラダ油各大さじ½

作り方

1. Aはみじん切りにする。
2. フライパンにサラダ油を熱して①、さくらえび、ごはんの順に加えていため、しょうゆで調味する。

牛そぼろ弁当

そぼろはかたくり粉でとろみをつけて、余分な汁けが出ない工夫を。
これなら食べるときだってポロポロこぼれたりしません。
黄色のいり卵と、青菜のあえ物をバランスよくのせてあげましょう。

826 kcal
15 分

menu

主菜
牛そぼろ

副菜
いり卵

副菜
小松菜と油揚げのさっとあえ

ごはん
姫りんご

おすすめアレンジ

主菜をアレンジ
牛そぼろ入り卵焼き

副菜をアレンジ
小松菜と油揚げのさっと煮

171ページ参照

主菜

牛そぼろ

材料（１人分）

	牛ひき肉	100ｇ
	玉ねぎ	¼個
A	しょうがのみじん切り	小さじ½
A	砂糖	大さじ½
A	酒	大さじ１
A	みそ	大さじ１
B	かたくり粉	小さじ１
B	水	大さじ１
	サラダ油	小さじ１

1 玉ねぎをいためてひき肉を加える

玉ねぎは横半分に切って薄切りにし、サラダ油を熱したフライパンでいためて、しんなりしたらひき肉を加える。

2 ひき肉をいためて調味する

ひき肉を菜箸でほぐしながらいためてポロポロになったら、まぜ合わせたＡを加えて調味する。

3 とろみをつける

一煮してＢの水どきかたくり粉を回し入れ、とろみをつける。

★ 副菜

いり卵

材料（１人分）

卵１個　Ａ（砂糖小さじ１　塩少少）

作り方

1. 卵は割りほぐしてＡをまぜる。
2. 小なべに卵液を入れ、中火にかけて菜箸で手早くまぜながらいり卵を作り、火を通す。

♥ 副菜

小松菜と油揚げのさっとあえ

材料（１人分）

小松菜50ｇ　油揚げ¼枚　Ａ（だし小さじ２　しょうゆ小さじ½）

作り方

1. 小松菜は塩少々（分量外）を加えた熱湯でゆでて水にとり、２㎝長さに切って水けをよくしぼる。
2. 油揚げは細切りにし、熱湯をかけて油抜きする。
3. Ａを合わせて①、②をあえる。

★ほうれんそうで代用しても。

詰め方のポイント

ごはんを詰め、中央にそぼろを敷き詰めるようにしてのせる。左右にいり卵と、汁けをきったあえ物を彩りよくのせる。姫りんごなどの果物を添える。りんごは時間がたつと変色するので、切って詰めるときは塩水につけ、水けをふいてから詰める。

abl

ピーマンの肉詰め弁当

夏バテ防止にもなる健康野菜（お肌もすべすべ）のピーマンとひき肉のベストコンビ。ピクルスもレンジでできるなんて感動もの。簡単でおしゃれな洋風弁当だからOLにも大ウケです。

597 kcal

15 分

menu

主菜
ピーマンの肉詰め

副菜
バジル風味の
チーズポテトサラダ

副菜
セロリのレンジピクルス

パン

おすすめアレンジ

主菜をアレンジ
ミニハンバーグ

副菜をアレンジ
じゃがいものパプリカあえ

副菜をアレンジ
にんじんのレンジピクルス

172ページ参照

主菜

ピーマンの肉詰め

材料（１人分）

肉だね

合いびき肉	80ｇ
玉ねぎのみじん切り	大さじ１
パン粉	大さじ２
牛乳	大さじ１
A 塩	小さじ⅓
A こしょう、ナツメグ	各少々
赤ピーマン	１個
小麦粉	少々
サラダ油	小さじ１
トマトケチャップ	適量

1 たねを作る

ひき肉に玉ねぎ、牛乳にひたしたパン粉、Aを合わせ、よくねりまぜて2等分する。

2 ピーマンにたねを詰める

ピーマンは縦半分に切って種を除き、内側に小麦粉を薄く振ってたねを詰める。

3 蒸し焼きにする

サラダ油を熱し、ひき肉の面を下にして弱めの中火で焼く。焼き色がついたら上下を返して水大さじ１を入れ、ふたをして１～２分蒸し焼きにする。仕上げにふたをとり、水分がなくなるまで焼く。

副菜

バジル風味のチーズポテトサラダ

材料（１人分）

じゃがいも１個　粉チーズ大さじ½　塩、あらびきこしょう、バジル（ドライ）各少々

作り方

❶じゃがいもは皮をむき、一口大に切って水に１分さらす。
❷じゃがいもを水からゆでて、やわらかくなったら湯をきってなべを揺すり、粉ふきにする。
❸②に粉チーズ、塩、こしょう、バジルを振り入れてあえる。

副菜

セロリのレンジピクルス

材料（１人分）

セロリ½本　A（塩小さじ½　砂糖大さじ½　レモン汁½個分　ローリエ½枚　黒粒こしょう少少　水½カップ）

作り方

❶セロリは筋を除いて１㎝幅の斜め切りにする。
❷耐熱ボウルに①、Aを入れ、ラップをかけずに電子レンジで１分加熱し、ボウルに入れたまま冷ます。

詰め方のポイント

じょうずに詰めるコツは、最初に形の決まっているピーマンの肉詰めを入れてポテトサラダを詰める。ピクルスはセロリの葉を添えてカップに入れて詰め、パンを添える。小袋や容器に詰めたケチャップを別に添えて、食べるときに肉詰めにかける。

シューマイ弁当

シューマイは蒸し器を使うと、レンジのように冷めてもかたくなりません。
1人分の調理に小ぶりの蒸し器があると手早くできて便利！
副菜もレンジや缶詰めを活用して、ちょっぴり自慢の中華弁当に。

665 kcal

20 分

menu

主菜
シューマイ

副菜
春菊と大豆の中華あえ

副菜
大根のしょうが酢

ごはん　ふりかけ（市販品）

主菜

シューマイ

材料（１人分）

豚ひき肉……80ｇ
シューマイの皮……４枚
A ねぎのみじん切り……大さじ１
A しょうがのみじん切り……小さじ½
B 塩……小さじ¼
B こしょう……少々
B ごま油……小さじ½
キャベツ……１枚

1 たねを作る

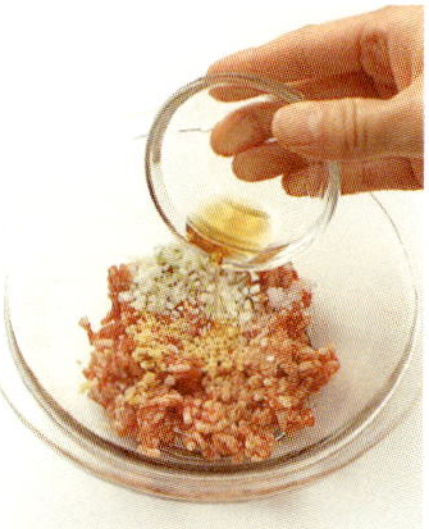

ボウルにひき肉、Aの香味野菜、Bを入れ、よくねりまぜて４等分する。

2 たねを皮で包む

左手にシューマイの皮を持ち、たねをのせて手のひらでしぼり込むように包んで、たねの上を指で平らにならす。

3 蒸す

蒸し器にキャベツを敷いて少し蒸し、キャベツがしんなりしたら、火からおろしてシューマイを並べ、強めの中火で４～５分蒸す。

副菜

春菊と大豆の中華あえ

材料（１人分）

春菊50ｇ　大豆の水煮（缶詰め）30ｇ　A（しょうゆ小さじ½　ごま油小さじ⅓　鶏ガラスープのもと少々）

作り方

1. 春菊は塩少々（分量外）を加えた熱湯でゆでて水にとり、２cm長さに切って水けをよくしぼる。
2. 大豆は缶汁をきって春菊とともにAであえる。

副菜

大根のしょうが酢

材料（１人分）

大根80ｇ　A（塩小さじ¼　酢大さじ１　砂糖小さじ１　しょうゆ小さじ½　しょうがのみじん切り少々）

作り方

1. 大根は皮をむいて上下に斜め格子の切り目を入れて、一口大の放射状に切る。
2. 耐熱ボウルにA、大根を入れてまぜ、ラップをふんわりかけて電子レンジで１分加熱する。

詰め方のポイント

ごはんを詰めて好みのふりかけをかけ、汁けをきった大根のしょうが酢をカップに入れて詰める。もう一方の弁当箱に主菜のシューマイと、カップに入れた春菊と大豆の中華あえを詰め、シューマイ用にしょうゆと好みでからしを別に添える。

おすすめアレンジ

主菜をアレンジ
豚つくね

副菜をアレンジ
春菊と大豆のごまみそあえ

副菜をアレンジ
大根のレンジレモン

169ページ参照

MUSTARD

ひき肉とれんこんの重ね焼き弁当

早く火が通るようにはさみ焼きにしないで、れんこんに肉だねをギュッと重ねて焼きます。消化吸収のよい里いものみそあえ、かぶの柚香漬けを合わせて味にアクセントを。

menu

主菜
ひき肉とれんこんの重ね焼き

副菜
里いものみそあえ

副菜
かぶの柚香漬け

ごはん　ふりかけ（市販品）
わかさぎのつくだ煮（市販品）

764 kcal　20分

主菜

ひき肉とれんこんの重ね焼き

材料（１人分）

鶏ひき肉		100ｇ
れんこん		30ｇ
A	万能ねぎの小口切り	１本分
	塩	少々
	ごま油	小さじ½
小麦粉		適量
B	砂糖	小さじ１
	しょうゆ	小さじ１
	酒	小さじ１
サラダ油		小さじ１

1 れんこんのアク抜きをする

れんこんは４枚の輪切りにして皮をむき、酢少々（分量外）を加えた水に１分さらして水けをふく。

2 たねを作る

ひき肉にＡをまぜて４等分し、軽くまとめる。

3 れんこんにたねを重ねる

れんこんに小麦粉を薄くまぶし、たねをはりつけて少し押し込む。

4 焼く

フライパンにサラダ油を熱して３を並べ、途中上下を返して２～３分焼く。Ｂを加えて汁けがなくなるまで味をからめる。

★副菜

里いものみそあえ

材料（１人分）

里いも小３～４個（180ｇ）　Ａ（みそ小さじ½　みりん小さじ１）

作り方

❶里いもは洗って耐熱皿に入れ、ラップをかけて電子レンジで３分加熱し、上下を返してさらに３分加熱する。

❷皮をむいてざっとつぶし、合わせたＡであえる。

♥副菜

かぶの柚香漬け

材料（１人分）

かぶ１個　かぶの葉少々　Ａ（ゆずの皮のせん切り少々　昆布茶小さじ½）

作り方

❶かぶは茎を少し残して皮をむき、縦半分に切って切り込みを２～３本入れながら一口大に切る。葉は小口切りにする。

❷水⅔カップに対して塩小さじ１の塩水（分量外）に①を10分つけてもみ、水けをよくしぼってＡをまぜる。

詰め方のポイント

一方の弁当箱にはひき肉とれんこんの重ね焼きを詰め、副菜は味が移らないようにカップに入れて詰める。もう一方の弁当箱にごはんを詰めて好みのふりかけをかけ、わかさぎのつくだ煮をのせてカルシウムの補給を。保存のきく好みの小魚や昆布などのつくだ煮を常備しておくと便利。

おすすめアレンジ

✱ 主菜をアレンジ
鶏つくねとれんこんの煮物

★ 副菜をアレンジ
里いものおかかじょうゆあえ

♡ 副菜をアレンジ
かぶの辛み漬け

170ページ参照

チーズ入りハンバーグ弁当

人気No.1のハンバーグに粉チーズをまぜて風味アップ！

618 kcal

25 分

menu

✻主菜
チーズ入り
ハンバーグ
★副菜
じゃがいもとしめじの
いため物
♡主食
マカロニの
トマトソース

ラディシュ
エンダイブ

✻主菜

チーズ入りハンバーグ

材料（１人分）

牛ひき肉50ｇ　A（玉ねぎのみじん切り、粉チーズ、パン粉各大さじ１　塩、こしょう各少々）　B（トマトケチャップ、ウスターソース各少々）　サラダ油適量

作り方

❶ひき肉にAを加えてよくまぜ合わせ、２等分して小判形にまとめる。
❷フライパンにサラダ油を熱して①の両面を焼き、火が通ったらBを加えてからめる。

詰め方のポイント

いため物にハンバーグのソースがついてもおいしいので隣り合わせに詰め、ちぎったエンダイブ、薄い輪切りにしたラディシュを添える。

★副菜

じゃがいもとしめじのいため物

材料（１人分）

じゃがいも½個　しめじ30ｇ　アンチョビー（フィレ）½枚　塩、こしょう、パセリのみじん切り各少々　サラダ油適量

作り方

❶じゃがいもは輪切りにしてゆでる。しめじは小房に分け、アンチョビーはこまかく刻む。
❷フライパンにサラダ油を熱して①をいため合わせ、塩、こしょうで調味してパセリを散らす。

♡主食

マカロニのトマトソース

材料（１人分）

ツイストマカロニ60ｇ　トマトソース（市販品）大さじ３　塩、こしょう、あればイタリアンパセリ各少々

作り方

❶マカロニは熱湯でゆでてざるに上げる。
❷トマトソースで①をあえて塩、こしょうで調味し、あればイタリアンパセリを添える。

詰め方のポイント

ごはんを詰めて好みのふりかけをかけ、仕切りをはさんでおかずを詰める。汁もれが心配なら、ドレッシングであえたサラダを別の容器に詰めても。

きのこ入りミニハンバーグ弁当

和食党におすすめのヘルシーハンバーグ。焼き色がついたら蒸し焼きにしてふっくらと

455 kcal

30 分

menu

- 主菜 きのこ入りミニハンバーグ
- 副菜 キャベツとコーンのサラダ
- 副々菜 ゆでアスパラ

ごはん
ふりかけ（市販品）

主菜

きのこ入りミニハンバーグ

材料（1人分）

牛赤身ひき肉80g　玉ねぎ$\frac{1}{8}$個　生しいたけ2個　しめじ$\frac{1}{4}$パック　パン粉大さじ2　牛乳大さじ$\frac{3}{4}$　A（とき卵$\frac{1}{4}$個分　塩小さじ$\frac{1}{4}$　しょうゆ、こしょう各適量）　酒大さじ$\frac{1}{2}$　サラダ油小さじ1

作り方

1. しいたけとしめじは石づきを除いてみじん切りにし、玉ねぎはみじん切りにする。パン粉は牛乳にひたしておく。
2. フライパンにサラダ油小さじ$\frac{1}{2}$を熱して玉ねぎをしんなりするまでいためる。
3. ひき肉に①、②、Aを加えて粘りが出るまでしっかりねりまぜ、3等分して小さな小判形にまとめる。
4. フライパンに残りのサラダ油をなじませ、③を入れて中火で焼く。両面に焼き色がついたら弱火にして酒を振り入れる。ふたをして7分ほど蒸し焼きにし、中まで火を通す。

副菜

キャベツとコーンのサラダ

材料（1人分）

キャベツ60g　ホールコーン（缶詰め）40g　A（レモン汁大さじ$\frac{1}{2}$　塩、こしょう各適量）

作り方

1. キャベツは、かたい軸をそぎ落としてせん切りにする。コーンは汁けをきる。
2. Aをまぜ合わせてドレッシングを作り、①をあえる。

副々菜

ゆでアスパラ

材料（1人分）

グリーンアスパラガス1本

作り方

アスパラガスは根元のかたいところを除いて、塩少々（分量外）を加えた熱湯で色よくゆでて冷水にとり、水けをきって4等分する。

肉詰めも甘ずっぱいりんごのデザートもレンジでチン!

しいたけの肉詰め弁当

490 kcal　30 分

menu

主菜　しいたけの肉詰め
副菜　にんじんのマリネ
デザート　りんごのワイン煮

パン
ミニトマト　きゅうり

主菜

しいたけの肉詰め

材料（1人分）

合いびき肉50ｇ　生しいたけ（肉厚のもの）2個　A（ねぎのみじん切り大さじ1　酒大さじ½　しょうゆ小さじ2　砂糖小さじ⅔）　かたくり粉少々

作り方

1. しいたけは軸を切り落として笠の内側の汚れをふき、かたくり粉を薄くまぶす。
2. しいたけの軸は石づきのかたい部分を除いて刻む。
3. ボウルにひき肉、②、Aを入れてよくまぜ、しいたけの笠の内側に形よくのせる。
4. 耐熱皿に③をのせ、ラップをかけて電子レンジで2分加熱する。冷めたら半分に切る。

★副菜

にんじんのマリネ

材料（1人分）

にんじん¼本　A（フレンチドレッシング〈市販品〉大さじ1　塩、こしょう各少々）　パセリ少々

作り方

1. にんじんは皮をむいてせん切りにする。
2. Aを合わせて①、ちぎったパセリを加えてまぜる。

♡デザート

りんごのワイン煮

材料（1人分）

りんご（紅玉など）½個　A（砂糖、白ワイン各大さじ1　レモン汁少々）

作り方

1. りんごは半分に切ってしんをとり、皮つきのまま一口大に切る。
2. 耐熱ボウルにりんご、Aを入れてラップをかけ、電子レンジで1分30秒加熱する。

詰め方のポイント

しいたけの肉詰めを詰め、棒状に切ったきゅうりとミニトマトを添える。ワイン煮は冷めてからカップに入れ、マリネは汁けをきって詰める。

副菜は前夜に作って、翌日は揚げ物を作るだけにすればらく！

なすのはさみ揚げ弁当

816 kcal

20 分

詰め方のポイント

ごはんを詰めて黒ごまを振る。ごはんに油がつかないようにレタスを敷いて主菜を詰め、防腐効果もしっかりの副菜を汁けをきって詰める。副菜は弁当箱の大きさに合わせ、適量詰めればよい。

★副菜

いわしの辛煮

材料(作りやすい分量)

いわし１尾　梅干し½個　しょうがの薄切り１～２枚　A（だし½カップ強　しょうゆ、酒各少々）

作り方

1. いわしは頭と内臓をとり、食べやすく切って焼く。
2. 小なべにA、梅干しを合わせ、煮立ったら①を加えて煮る。途中でしょうがを加え、汁けがほとんどなくなるまで煮る。

♡副菜

きゅうりの梅酢漬け

材料(作りやすい分量)

きゅうり１本　赤梅酢適量

作り方

きゅうりは乱切りにし、赤梅酢をかけてまぜ、味をしみ込ませる。

menu

- ✻主菜　なすのはさみ揚げ
- ★副菜　いわしの辛煮
- ♡副菜　きゅうりの梅酢漬け

ごはん　いり黒ごま
レタス

✻主菜

なすのはさみ揚げ

材料(１人分)

合いびき肉40ｇ　なす小１個　塩、こしょう各少々　小麦粉、とき卵、パン粉、ウスターソース、揚げ油各適量

作り方

1. なすは8㎜厚さの輪切りにし、水に放してアク抜きする。
2. ひき肉は塩、こしょうを加えてねりまぜる。
3. なすの水けをふいて3枚1組にし、間に小麦粉を薄く振って②をはさみ、小麦粉、とき卵、パン粉の順に衣をつける。
4. 中温に熱した揚げ油で③をからりと揚げる。ウスターソースを別に添える。

教えて！

Q 粉をちゃんとつけたのにひき肉がはがれてからりと揚がらない！

A なすやれんこんでひき肉をはさむとき、野菜の水けをよくふきましたか？　水けが残っていると、せっかくつなぎの小麦粉やかたくり粉を全体に薄くまぶしても肉がはがれたり、からりと揚がらない原因に。フライ衣や天ぷら衣をつけたらすぐ揚げることもポイント。

ちょっとしたみそ使いでどこか懐かしい味に。食物繊維もたっぷり

肉だんごとじゃがいものみそ煮弁当

719 kcal　35 分

menu

- 主菜　肉だんごと じゃがいものみそ煮
- 副菜　れんこんボール
- 副菜　野菜の梅あえ

ごはん
茎わかめのつくだ煮（市販品）
青じそ

詰め方のポイント

ごはんを詰めてつくだ煮を添える。コロコロした煮物やれんこんボールは動きやすいので、青じそで仕切ってすき間なくしっかり詰める。

主菜

肉だんごと じゃがいものみそ煮

材料（１人分）

豚ひき肉60ｇ　新じゃがいも100ｇ　A（玉ねぎのみじん切り25ｇ　かたくり粉、水各大さじ½　塩少々）　だし¾カップ　B（酒、砂糖各大さじ½　みそ、しょうゆ各小さじ１弱）　みそ、しょうゆ各小さじ⅓

作り方

1. ボウルにひき肉、Aを入れてまぜ、一口大のだんごに丸める。じゃがいもは皮をむいて水にさらす。
2. じゃがいもをだしで煮、八分どおり火が通ったらB、①のだんごを加えて中火で煮る。
3. みそ、しょうゆを煮汁でといて加え、なべを揺すりながら煮上げる。

★副菜

れんこんボール

材料（１人分）

A（れんこん50ｇ　玉ねぎ20ｇ　にんじん、長いも各５ｇ）　小麦粉大さじ１　塩少々　揚げ油適量

作り方

1. Aの野菜は皮をむいてすりおろし、小麦粉、塩を加えてよくまぜる。
2. 中温に熱した揚げ油に①をスプーンですくって落としながら揚げる。

♡副菜

野菜の梅あえ

材料（１人分）

白菜70ｇ　つるむらさき30ｇ　にんじん10ｇ　梅肉½個分　塩、しょうゆ、みりん、くず粉各少々

作り方

1. 白菜、つるむらさきはざく切りにし、にんじんは短冊切りにする。水大さじ２と塩でさっと蒸し煮にする。
2. 梅肉にしょうゆ、みりん、①の蒸し汁を加えて一煮立ちさせ、水少々でといたくず粉でとろみをつけ、①の野菜をあえる。

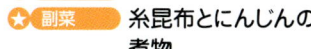

menu

✽主菜　豚肉のつくね焼き
★副菜　糸昆布とにんじんの煮物
♡副菜　アスパラの梅肉あえ

ごはん　ゆかり（市販品）
甘酢しょうが（市販品）
サラダ菜

しっかり中まで火を通すために、竹ぐしを刺してチェック

豚肉のつくね焼き弁当

415 kcal

30 分

詰め方のポイント

ごはんにはゆかりを振る。つくねはサラダ菜を敷き、カップに入れた煮物と梅肉あえを詰める。汁けをきった甘酢しょうがを添えて。

♡副菜

アスパラの梅肉あえ

材料（１人分）

グリーンアスパラガス３本　梅肉小さじ½　だし小さじ１

作り方

❶アスパラガスは根元のかたいところを除いて、たっぷりの熱湯で色よくゆで、水にとって冷まし、２cm長さの斜め切りにする。

❷梅肉をだしでときのばし、水けをきったアスパラガスをあえる。

✽主菜

豚肉のつくね焼き

材料（１人分）

豚赤身ひき肉70ｇ　Ａ（玉ねぎのすりおろし大さじ１　トマトケチャップ、パン粉各大さじ½　しょうが汁少々）　サラダ油小さじ１

作り方

❶ボウルにひき肉、Ａを入れてよくねりまぜ、２等分して小判形にまとめる。

❷フライパンにサラダ油を熱して①を入れ、両面に焼き色をつけながら、中まで火を通す。竹ぐしを刺してみて、中から澄んだ肉汁が出れば火が通っている。

★副菜

糸昆布とにんじんの煮物

材料（１人分）

糸昆布３ｇ　にんじん10ｇ　Ａ（だし大さじ２　しょうゆ、みりん、酒各小さじ⅔）

作り方

❶糸昆布は水につけてもどし、３〜４cm長さに切る。にんじんは皮をむいて３cm長さの細切りにする。

❷小なべにＡを合わせて①を入れ、汁けがほぼなくなるまでいり煮にする。

時間のかかるロールキャベツときんぴらもレンジならあっという間

和風ロールキャベツ弁当

582 kcal

20 分

menu

- ✲主菜　和風ロールキャベツ
- ★副菜　にんじんのきんぴら
- ♡副菜　きゅうりのしょうゆ漬け
- ♣デザート　はちみつバナナ＆チーズ

ごはん　青のり
サラダ菜

✲主菜

和風ロールキャベツ

材料（１人分）

鶏ひき肉60ｇ　キャベツ小１枚　A（ねぎのみじん切り大さじ１　酒大さじ1/2　薄口しょうゆ小さじ１　塩適量）

作り方

①キャベツは洗ってラップに包み、電子レンジで１分加熱し、ざるにとって冷ます。

②ボウルにひき肉、Aを入れてまぜ、キャベツにのせて巻くように包む。

③耐熱皿に②をのせ、ラップをかけて電子レンジで２分加熱し、食べやすく切る。

詰め方のポイント

ごはんを詰め、青のりを斜線になるように振ると見た目も美しい。ロールキャベツを詰め、副菜２品は適量をサラダ菜やカップに入れて詰める。

★副菜

にんじんのきんぴら

材料（作りやすい分量）

にんじん50ｇ　A（砂糖適量　薄口しょうゆ小さじ１）　いり白ごま少少　サラダ油小さじ2/3

作り方

①にんじんは３cm長さのせん切りにして耐熱ボウルに入れ、サラダ油を振り入れてまぜる。

②Aを加えてまぜ、ラップをかけずに電子レンジで１分加熱する。とり出してごまを振る。

♡副菜

きゅうりのしょうゆ漬け

材料（作りやすい分量）

きゅうり１本　昆布の細切り少々　A（しょうゆ大さじ2/3　みりん、ごま油各小さじ１）

作り方

きゅうりは縦半分に切ってから斜め切りにし、昆布、Aを加えてまぜる。

♣デザート

はちみつバナナ＆チーズ

材料（１人分）

バナナ小１本　クリームチーズ40ｇ　はちみつ大さじ１～２　レモン汁、ミント各少々

作り方

①バナナは１cm厚さの輪切りにし、レモン汁を振る。クリームチーズはさいの目切りにする。

②密閉容器にはちみつを敷いて①をまぜ合わせて入れ、ミントを飾る。

♡副菜

トマトときゅうりのからしあえ

材料（１人分）

トマト½個　きゅうり⅓本　Ａ（しょうゆ大さじ１　酢大さじ½　砂糖大さじ¼　ごま油、ときがらし各小さじ¼）

作り方

❶トマトはへたをとってから皮を湯むきし、一口大に切る。きゅうりは皮をむき、乱切りにする。

❷Ａをまぜ合わせて①をあえる。

★副菜

ゆでかぼちゃのごまあえ

材料（１人分）

かぼちゃ100ｇ　Ａ（すり白ごま大さじ¾　砂糖大さじ½弱　しょうゆ、だし各大さじ¼）

作り方

❶かぼちゃは種とわたを除いて薄いいちょう切りにし、やわらかくゆでて水けをきる。

❷Ａを合わせてなめらかにすりまぜ、かぼちゃをあえる。

✱主菜

ひき肉のピリ辛いため

材料（１人分）

豚ひき肉50ｇ　しめじ、えのきだけ各½パック　Ａ（豆板醤（トウバンジャン）、しょうゆ各大さじ½　酒大さじ¼　砂糖小さじ¼　塩、こしょう各適量）　サラダ油、ごま油各小さじ¼

作り方

❶しめじとえのきは石づきを除いてほぐす。

❷フライパンを熱してサラダ油とごま油をなじませ、ひき肉を入れて菜箸でかきまぜながら、ポロポロにいためる。

❸①を加えていため、全体に油がなじんだらＡで調味し、汁けがなくなるまでいためる。

詰め方のポイント

たまには目先をかえてごはんを斜め半分に詰める。おかずはバランやサラダ菜で仕切って、汁けの出やすいあえ物はカップに入れて詰める。

主菜がピリ辛味だから、副菜は甘辛味とさっぱり味でバランスよく

ひき肉のピリ辛いため弁当

menu

- ✱主菜　ひき肉のピリ辛いため
- ★副菜　ゆでかぼちゃのごまあえ
- ♡副菜　トマトときゅうりのからしあえ

ごはん
サラダ菜

481 kcal　25 分

肉じゃが弁当

煮汁がほんの少し残る程度に煮含め、彩りに絹さやをプラス。じゃがいもに肉のうまみがしみ込んでおいしさもひときわです。あえ物はごまや削りがつおであえて汁けが出ない工夫を。

830 kcal

15 分

menu

主菜
肉じゃが

副菜
ほうれんそうのごまあえ

副菜
たくあんの
ピリ辛おかかあえ

ごはん　ふりかけ（市販品）
バナナ（小）

おすすめアレンジ

主菜をアレンジ
バター風味の肉じゃが
副菜をアレンジ
ほうれんそうのごまみそあえ
副菜をアレンジ
たくあんのとろろ昆布あえ
167ページ参照

主菜

肉じゃが

材料（1人分）

	牛切り落とし肉	80ｇ
	じゃがいも	1個
	玉ねぎ	小½個
	絹さや	3枚
A	だし	⅔カップ
	砂糖	大さじ1
	しょうゆ	大さじ1
	サラダ油	小さじ1

1 野菜の下ごしらえをする

玉ねぎはしんを除いて2～3枚ずつはがし、1㎝幅に切る。絹さやは筋を除いて斜め半分に切り、さっとゆでて水にとる。

2 じゃがいものアク抜きをする

じゃがいもは皮をむき、一口大に切って水に1分さらす。

3 煮る

小なべにサラダ油を引いて牛肉を軽くいため、じゃがいも、玉ねぎ、Aを加える。煮立ったら中火にして落としぶたをし、約5分煮る。

副菜

ほうれんそうのごまあえ

材料（1人分）

ほうれんそう100ｇ　A（すり白ごま大さじ2　砂糖小さじ2　しょうゆ小さじ½）

作り方

1. ほうれんそうは塩少々（分量外）を加えた熱湯でゆでて水にとり、2㎝長さに切って水けをしぼる。
2. Aを合わせて、ほうれんそうをあえる。

副菜

たくあんのピリ辛おかかあえ

材料（1人分）

たくあん3㎝　みりん小さじ½
削りがつお、一味とうがらし各少少

作り方

1. たくあんは細切りにする。
2. たくあんにみりんをからめ、削りがつお、一味とうがらしを振りまぜる。

詰め方のポイント

ごはんを詰めて好みのふりかけをかけ、副菜2品はそれぞれカップに入れて詰める。肉じゃがは汁けをよくきって、できれば別の容器に詰め、ゆでた絹さやをあしらう。持ち運びがらくで食べやすく、おまけに栄養も満点のバナナを添えて。

牛肉とごぼうのすき焼き風弁当

ボリューム感のある主菜を1品作れば、あとは副菜1品だけでもりっぱなお弁当に。熱々ごはんにのせると汁けを吸収して味もなじみ、冷めてからふたをすればごはんもべとつきません。

menu

主菜
牛肉とごぼうのすき焼き風

副菜
かぶの梅みそあえ

ごはん
小なすの漬け物（市販品）

723 kcal　15 分

主菜

牛肉とごぼうのすき焼き風

材料（1人分）

牛もも薄切り肉	100ｇ
ごぼう	30ｇ
まいたけ	30ｇ
ねぎ	6㎝
砂糖	大さじ1.5
A 酒	大さじ2
A しょうゆ	小さじ2
サラダ油	大さじ½

1 下ごしらえをする

ごぼうはささがきにしながら水に1分さらし、水けをきる。まいたけは食べやすく裂いて、ねぎは斜め薄切りにする。牛肉は一口大に切る。

2 肉を焼き、砂糖を入れる

フライパンにサラダ油を熱し、中火で牛肉を軽くいためて砂糖をからめ、ほぼ火を通す。

3 野菜を加え、仕上げる

1の野菜を加えて全体にまざったらAを加え、強火にして汁けがなくなるまでいため煮にする。

副菜

かぶの梅みそあえ

材料（1人分）

かぶ1個　かぶの葉少々　梅干し½個　みそ小さじ½　ごま油小さじ¼

作り方

1. かぶは皮をむいて薄い半月切り、葉は小口切りにして、水1カップに対して塩小さじ1の塩水（分量外）に10分つけてもみ、水けをよくしぼる。
2. 梅干しは種を除き、包丁でこまかくたたいて、みそ、ごま油をまぜ、①をあえる。

詰め方のポイント

おかずを詰めるスペースをあけてごはんを詰め、主菜をのせてどんぶり風に。かぶの梅みそあえは汁けをきってカップに入れて詰め、漬け物を添える。好みでごはんとおかずを別別に詰めて持っていってもＯＫ。

おすすめアレンジ

主菜をアレンジ
牛肉とかぼちゃのいため煮

副菜をアレンジ
かぶの梅肉のりあえ

168ページ参照

お弁当用の焼き肉は香りの強いにんにくは避けて、ごはんの進む甘辛味に

一口焼き肉弁当

587 kcal

20分

menu

主菜
一口焼き肉 野菜ソテー添え
副菜
さつまいものマヨネーズあえ
主食
じゃことゆかりのラップおにぎり
デザート
りんごとレーズンの甘煮

詰め方のポイント

焼き肉と野菜ソテーはそのまま、あえ物とデザートはカップに入れて詰める。ラップおにぎりはかさばらないように容器なしで持参しても。

主菜

一口焼き肉 野菜ソテー添え

材料（1人分）

牛もも肉（焼き肉用）70ｇ　キャベツ、ししとうがらし各30ｇ　生しいたけ1個　A（しょうゆ、みりん各小さじ⅔　こしょう少々）　塩、こしょう各少々　サラダ油小さじ1

作り方

1. 牛肉はAをからめてしばらくおき、サラダ油小さじ½で両面を焼いて、つけ汁の残りを加えてからめる。
2. キャベツはざく切りにし、ししとうは縦半分に切り、しいたけは軸を除いて薄切りにし、残りのサラダ油でいためる。塩、こしょうで調味して焼き肉に添える。

副菜

さつまいものマヨネーズあえ

材料（1人分）

さつまいも60ｇ　マヨネーズ小さじ1　パセリのみじん切り少々

作り方

1. さつまいもは皮つきのままラップに包んで電子レンジで1分30秒加熱する。
2. 一口大に切って冷まし、マヨネーズとパセリであえる。

主食

じゃことゆかりのラップおにぎり

材料（1人分）

ごはん150ｇ　ちりめんじゃこ5ｇ　ゆかり少々

作り方

あたたかいごはんにちりめんじゃこ、ゆかりをまぜ、2等分してラップで包む。

デザート

りんごとレーズンの甘煮

材料（1人分）

りんご50ｇ　レーズン5ｇ　A（レモン汁小さじ½　砂糖小さじ1）

作り方

りんごは皮をむいて薄く切り、レーズンとともに耐熱ボウルに入れて水大さじ½、Aを加え、ラップをかけて電子レンジで1分加熱する。

うまみを逃がさないように牛肉は強火でさっといためてから調味

牛肉と絹さやの オイスターソースいため弁当

menu

- ✻主菜 牛肉と絹さやのオイスターソースいため
- ★副菜 ザーサイときゅうりのごまあえ
- ♡主食 菜包みごはん

ぬか漬け、たくあん（市販品）

444 kcal　25 分

♡主食
菜包みごはん

材料（１人分）

ごはん160ｇ　サラダ菜４枚　塩適量

作り方

❶サラダ菜は軸のかたい部分を切り落として洗い、水けをふきとる。

❷あたたかいごはんは４等分し、手を水で湿らせて塩少々をまぶし、俵形ににぎってサラダ菜で包む。

詰め方のポイント

ごはんとおかずは味が移らないように別の容器に詰める。おかずはまず主菜を詰め、仕切りをはさんで副菜を詰め、漬け物を添える。

✻主菜
牛肉と絹さやの オイスターソースいため

材料（１人分）

牛赤身薄切り肉80ｇ　絹さや30ｇ　Ａ（しょうゆ、酒各小さじ１）　Ｂ（オイスターソース大さじ½　しょうゆ小さじ¼　こしょう適量）　サラダ油小さじ１

作り方

❶牛肉は３～４㎝幅に切り、Ａの下味をもみ込んで10分ほどおく。

❷絹さやは筋をとり、塩少々（分量外）を加えた熱湯でゆでてざるに上げ、水けをきる。

❸フライパンにサラダ油を熱して牛肉の汁けをきって加え、強火でいためる。肉の色が変わったらＢで調味し、絹さやを加えてあたたまる程度にさっといためる。

★副菜
ザーサイと きゅうりのごまあえ

材料（１人分）

ザーサイ20ｇ　きゅうり½本　いり白ごま大さじ½

作り方

❶ザーサイは洗ってせん切りにし、きゅうりは斜め薄切りにして、さらにせん切りにする。

❷①を合わせ、ごまを振ってしばらくおき、ザーサイの味をきゅうりになじませる。

牛肉のチーズロールフライ弁当

肉だけでは栄養が偏りがち。チーズでカルシウムの補給を

853 kcal　20 分

★副菜

にんじんのグラッセ

材料（1人分）

にんじん4〜5㎝　A（砂糖、バター各大さじ1　塩少々）

作り方

❶にんじんは輪切りにして、花型で抜く。

❷小なべに①を入れ、かぶるくらいの水、Aを加え、汁けがほとんどなくなるまでやわらかく煮る。

♡副菜

いんげんのソテー

材料（1人分）

さやいんげん5〜6本　塩、こしょう、サラダ油各少々

作り方

❶いんげんは塩少々（分量外）を加えた熱湯でゆでてざるに上げ、水けをきって4㎝長さに切る。

❷フライパンにサラダ油を熱して①をいため、塩、こしょうで調味する。

★にんじんのグラッセといっしょに、塩ゆでしたいんげんを煮ても。

menu

✽主菜　牛肉のチーズロールフライ
★副菜　にんじんのグラッセ
♡副菜　いんげんのソテー

ごはん
ちりめんじゃこのつくだ煮（市販品）
パセリ

✽主菜

牛肉のチーズロールフライ

材料（1人分）

牛薄切り肉（焼き肉用）2枚　スティックチーズ2本　塩、こしょう各少々　A（小麦粉、とき卵、パン粉各適量）　揚げ油適量

作り方

❶牛肉は広げて塩、こしょうし、チーズをしんにして巻く。

❷①にAの衣を順につけ、中温に熱した揚げ油で揚げる。冷めたら食べやすく切る。

詰め方のポイント

ごはんを詰めてちりめんじゃこのつくだ煮を添え、味のアクセントに。フライとグラッセは切り口を見せて詰め、いんげんとパセリで彩りよく。

教えて！

Q お弁当のおかずは必ずカップに入れたほうがいいの？

A 必ずしもそうとは限りません。おかずによって味がつくのもおいしさの一つですから、揚げ物や焼き物はもちろん、汁けのないものはそのまま詰めてもだいじょうぶ。ただし、汁けの多いものをそのまま詰めると傷みの原因になるので、よく汁けをきってカップに入れることをおすすめ。

彩りよく野菜をプラスして。同時にできる揚げ物をもう1品

牛肉の三色巻き揚げ弁当

1228 kcal　25 分

menu

- 主菜　牛肉の三色巻き揚げ
- 副菜　玉ねぎとしいたけのくし揚げ
- 副菜　レタスとツナのサラダ
- 主食　カレーピラフ
- デザート　りんごとレーズンの甘煮

サラダ菜
ミニトマト

詰め方のポイント

香りの強いピラフは別に詰める。サラダ菜を敷いて揚げ物を詰め、ミニトマトとソースですき間を埋める。あとの2品はカップに入れて詰める。

主食

カレーピラフ

材料（1人分）

ごはん150ｇ　玉ねぎのみじん切り¼個分　A（カレー粉、塩、こしょう各少々）　パセリのみじん切り少々　バター大さじ1

作り方

フライパンにバターをとかし、玉ねぎ、ごはんをいためてAで調味し、パセリを振る。

デザート

りんごとレーズンの甘煮

材料（1人分）

りんご¼個　レーズン小さじ2　砂糖大さじ1.5

作り方

りんごは皮つきのままいちょう切りにし、レーズンとともに砂糖、水½カップで汁けがなくなるまで煮る。

主菜

牛肉の三色巻き揚げ

材料（1人分）

牛薄切り肉2枚　にんじん、プロセスチーズ各適量　さやいんげん2本　塩、こしょう各少々　A（小麦粉、とき卵、パン粉各適量）　揚げ油、ウスターソース各適量

作り方

1. にんじんは棒状に切り、いんげんとともにゆでる。
2. 牛肉は塩、こしょうを振り、1枚ずつに①、棒状に切ったチーズ1本ずつをしんにして巻く。
3. ②にAの衣を順にまぶし、中温に熱した揚げ油で揚げ、冷めたら食べやすく切る。

副菜

玉ねぎとしいたけのくし揚げ

材料（1人分）

玉ねぎ¼個　生しいたけ1個　A（小麦粉、とき卵、パン粉各適量）　揚げ油適量

作り方

1. 玉ねぎは輪切りにし、しいたけは軸を除いて半分に切り、くしに刺す。
2. Aの衣を順につけ、三色巻き揚げのあとにつづけて中温の揚げ油で揚げる。

副菜

レタスとツナのサラダ

材料（1人分）

レタス2枚　ツナ（缶詰め）小½缶　マヨネーズ大さじ1　パセリのみじん切り少々

作り方

1. ツナはマヨネーズであえ、パセリをまぜる。
2. レタスはせん切りにしてカップに敷き、①をのせる。

牛肉の卵とじ弁当

おかずの味がしみ込んでおいしい、人気ののっけごはん

menu

主菜
牛肉の卵とじ
副菜
ほうれんそうのからしあえ
副菜
大根の梅肉漬け

ごはん
梨

主菜 牛肉の卵とじ

材料（1人分）

牛赤身薄切り肉40g　卵1個　玉ねぎ⅓個　グリンピース（冷凍）大さじ1　A（しょうゆ、酒各少々）　B（だし大さじ3　砂糖、みりん各小さじ2　しょうゆ小さじ1　塩小さじ⅓）

作り方

1. 牛肉は1cm幅に切り、Aをまぶして下味をつける。玉ねぎは横7～8mm幅に切る。
2. 小なべにBを煮立てて①を加え、玉ねぎがしんなりとしたらグリンピースを散らす。とき卵を回し入れ、ふたをして卵が固まるまでさっと煮て火を止める。

副菜 ほうれんそうのからしあえ

材料（1人分）

ほうれんそう2～3株　かま上げさくらえび10g　A（しょうゆ小さじ⅔　ときがらし少々）

作り方

1. ほうれんそうは塩少々（分量外）を加えた熱湯でゆでて水にとり、水けをしぼって3cm長さに切る。さくらえびはさっと湯をかける。
2. Aをまぜ合わせて①をあえる。

副菜 大根の梅肉漬け

材料（1人分）

大根2～3cm　塩少々　梅干し¼個

作り方

1. 大根は薄いいちょう切りにして塩を振り、軽くもんで水けをしぼる。
2. 梅干しは種を除き、こまかく刻んで①をあえる。

詰め方のポイント

ごはんを詰めて牛肉の卵とじをのせる。梅肉漬けとからしあえは汁けをよくきって詰め、バランを入れて梨（好みのフルーツ）を詰める。

471 kcal

20 分

詰め方のポイント

牛肉のしぐれ煮を詰め、残りのおかずを彩りよく詰め合わせる。仕切りの反対側にのり巻きおにぎりを詰めて、うさぎりんごをすき間に詰める。

688 kcal　30 分

肉は下ゆでして。手作りのお弁当のときこそ低脂肪にするチャンス

牛肉のしぐれ煮弁当

menu

- ✽主菜　牛肉のしぐれ煮
- ★副菜　かまぼこの梅肉はさみ
- ♡副菜　ブロッコリーの油いため
- ♣副々菜　白菜の甘酢漬け
- ♠主食　のり巻きおにぎり

うさぎりんご

♠主食

のり巻きおにぎり

材料(1人分)

ごはん150ｇ　塩、焼きのり適量

作り方

あたたかいごはんは2等分し、手を水で湿らせて塩少々をまぶし、俵形ににぎって帯状に切ったのりをくるりと巻く。

♡副菜

ブロッコリーの油いため

材料(1人分)

ブロッコリー3房　塩、こしょう、サラダ油各少々

作り方

ブロッコリーは熱湯でかためにゆでて、サラダ油でさっといため、塩、こしょうで調味する。

♣副々菜

白菜の甘酢漬け

材料(1人分)

白菜の軸1枚分　甘酢適量　七味とうがらし少々

作り方

白菜は5㎝長さの棒状に切り、甘酢につけて一晩おく。朝、汁けをきり、七味とうがらしを振る。

✽主菜

牛肉のしぐれ煮

材料(1人分)

牛薄切り肉80ｇ　ごぼう10㎝　しょうがのせん切り少々　A(しょうゆ、水各大さじ2弱　砂糖大さじ1強　酒少々)　サラダ油少々

作り方

1. ごぼうは斜め切りにして水にさらし、水けをきってサラダ油でいため、油が回ったらAで調味して煮る。
2. 牛肉は一口大に切ってゆで、①に加える。一煮立ちしたらしょうがを加えて煮からめる。

★副菜

かまぼこの梅肉はさみ

材料(1人分)

かまぼこ2切れ　青じそ2枚　梅肉½個分

作り方

1. かまぼこは切り離さないように深く包丁を入れる。
2. 切り目にそれぞれ青じそ1枚と梅肉半量をはさむ。

鮭のチーズパン粉焼き弁当

鮭はくさみが気にならないこともあって、お弁当向きの素材です。
いつもの切り身を洋風おかずにして、副菜は常備野菜ときのこ、
残った卵もむだなく使って
やりくりじょうずの腕を発揮！

825 kcal

15 分

menu

主菜
鮭のチーズパン粉焼き

副菜
まいたけとねぎの卵とじ

副菜
にんじんとくるみのサラダ

ロールパン
サラダ菜

おすすめアレンジ

主菜をアレンジ
鮭のピカタ

副菜をアレンジ
グリンピースのいり卵

副菜をアレンジ
にんじんの和風サラダ

173ページ参照

主菜

鮭のチーズパン粉焼き

材料（1人分）

甘塩鮭	1切れ
A［パン粉	$\frac{1}{4}$カップ
A［粉チーズ	大さじ$\frac{1}{2}$
小麦粉	適量
とき卵	$\frac{1}{2}$個分
バター	10ｇ

1 鮭を切る

鮭は一口大のそぎ切りにする。Aはまぜ合わせておく。

2 衣をつける

鮭に小麦粉、とき卵、1のチーズパン粉の順に衣をつける。

3 焼く

フライパンにバターをとかして、弱めの中火で2の両面をこんがりと焼いて火を通す。

★ 副菜

まいたけとねぎの卵とじ

材料（1人分）

まいたけ50ｇ　ねぎ6㎝　とき卵$\frac{1}{2}$個分　塩、こしょう各少々　バター10ｇ

作り方

1. まいたけは食べやすく裂く。ねぎは3㎝長さに切って、縦に5㎜幅の細切りにする。
2. フライパンにバターをとかして①をいため、塩、こしょうで調味する。
3. とき卵を回し入れ、大きくまぜて火を通す。

♥ 副菜

にんじんとくるみのサラダ

材料（1人分）

にんじん100ｇ　くるみ2個　レーズン大さじ1　A（塩小さじ$\frac{1}{4}$　こしょう少々　酢またはバルサミコ酢大さじ1.5　オリーブ油大さじ$\frac{1}{2}$）

作り方

1. にんじんは皮をむいて、あればせん切りスライサーでせん切りにしながらボウルにAとともに入れてまぜ、しんなりさせる。
2. くるみは軽くいって薄切りにし、レーズンは熱湯を回しかけて湯をきり、①にまぜる。

詰め方のポイント

最初にサラダ菜を敷いてメインの鮭のチーズパン粉焼きを詰める。汁けをきったサラダをカップに入れて中央に詰めてから卵とじを詰めると、仕切りになって味が移らない。主食のロールパンを添えて。このおかずならごはんにもよく合う。

afternoon tea

さわらの立田揚げ弁当

冷めても味が落ちないのは、さわらにしっかり下味がついているから。
ほっとする味わいのさつまいもの甘辛煮で満腹感もプラス。
ししとうは粉ざんしょうのかわりに七味とうがらしを振っても美味。

695 kcal

15 分

menu

主菜
さわらの立田揚げ

副菜
さつまいもの甘辛煮

副菜
ししとうのさんしょう風味焼き

ごはん
ふりかけ（市販品）

おすすめアレンジ

主菜をアレンジ
あじの立田揚げ

副菜をアレンジ
さつまいもの甘煮

副菜をアレンジ
ししとうの洋風焼き

174ページ参照

主菜

さわらの立田揚げ

材料（１人分）

さわら	１切れ
A　みりん	小さじ１
A　しょうゆ	小さじ１
かたくり粉	適量
揚げ油	½カップ

1 下味をつける

さわらは一口大のそぎ切りにしてＡにつけ、上下を返して10分ほどおく。

2 粉をまぶす

さわらの汁けをペーパータオルでふいて、かたくり粉を薄くまぶす。

3 揚げる

低めの中温に熱した揚げ油に2を入れ、途中上下を返して２～３分揚げる。

★ 副菜

さつまいもの甘辛煮

材料（１人分）

さつまいも100ｇ　Ａ（だし½カップ　しょうゆ小さじ１　砂糖大さじ½　塩少々）

作り方

1. さつまいもは皮つきのまま１㎝厚さの輪切りにし、水にさらす。
2. 小なべにＡ、さつまいもを入れて、煮立ったら弱めの中火にし、５～６分煮て火を止め、そのまま冷ます。

♥ 副菜

ししとうのさんしょう風味焼き

材料（１人分）

ししとうがらし６～８本　Ａ（粉ざんしょう少々　みりん小さじ½　しょうゆ小さじ１）

作り方

1. ししとうは竹ぐしに刺し、中火で熱した焼き網で両面を焼く。
2. 熱いうちに竹ぐしを抜き、まぜ合わせたＡをからめる。

詰め方のポイント

ごはんを詰めて好みのふりかけをかける。ここでは深さのある弁当箱を使っているので先に副菜２品をカップに入れて詰め、主菜のさわらの立田揚げは竹皮（適当な大きさに切り、重ね合わせてホチキスで止める）に入れて詰める。カップでもＯＫ。

いかのしょうが焼き弁当

いかはくせがなく、おまけに冷凍に強いので安いときにまとめ買いを。

香ばしく焼いて、最後につけ汁を加えればしょうがの風味もアップ。

切り干し大根は前の晩にもどしておくと、朝は煮るだけなので気がらくです。

 661 kcal

 20 分

★ 副菜

切り干し大根とキャベツの うま煮

材料（1人分）

切り干し大根20ｇ　キャベツ½枚
A（だし½カップ　酒、砂糖各大さじ1　塩少々　しょうゆ小さじ1）

作り方

❶切り干し大根はさっと洗い、ぬるま湯½カップにつけて10分以上おく。キャベツは3㎝長さの細切りにする。

❷切り干し大根をもどし汁ごとなべに入れてAを加え、煮立ったら弱火にしてふたをし、5分煮る。

❸②にキャベツを加えて強火にし、汁けがほとんどなくなるまで煮詰める。

♥ 副菜

なすの からしじょうゆいため

材料（1人分）

なす1個　A（からし少々　みりん大さじ1　しょうゆ小さじ1）
サラダ油大さじ1

作り方

❶なすは7〜8㎜厚さの輪切りにし、水にさっとくぐらせて水けをふく。

❷Aはまぜ合わせておく。

❸フライパンにサラダ油を熱してなすをいため、②を加えて全体にからめる。

詰め方の ポイント

いかのしょうが焼きをごはんの上にのせて食欲をそそるどんぶり風に。うま煮を詰めてからいため物をカップに入れて詰める。仕切りがない弁当箱の場合はうま煮もカップに入れて詰めると汁けや味がまざらない。

＊ 主菜

いかのしょうが焼き

材料（作りやすい分量）

するめいか ······················· 小1ぱい
A ┌ おろししょうが ··············· 大さじ1
　├ みりん ······················· 大さじ1
　└ しょうゆ ····················· 大さじ1
サラダ油 ··························· 小さじ1

1 いかを切る

胴は1枚に開いて斜め格子の切り目を入れ、食べやすく切る。足は2〜3本に分ける。

2 下味をつける

Aを合わせ、1のいかをつけて10分ほどおく。

3 焼く

フライパンにサラダ油を熱して、中火で2のいかの両面をさっと焼き、残ったつけ汁を加えて汁けが少なくなるまでからめる。冷めたら¼量詰める。

● コツさえつかめば簡単！
いかの下ごしらえ

1 胴の中に指を入れて足と胴のつけ根をはずす。胴を押さえて足をわたごと引き抜く。わたの薄皮についている墨袋を破かないよう、目の下のところからわたと足を切り離す。

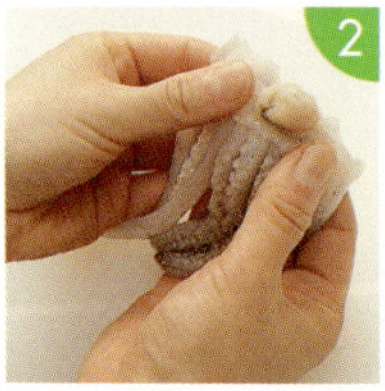

2 目と足の中心にあるからす口（くちばし）を指で押してとる。胴は軟骨をとり除き、足は吸盤をしごくようにして、それぞれ水洗いし、水けをふく。

menu

＊ 主菜

いかのしょうが焼き

★ 副菜

切り干し大根とキャベツのうま煮

♥ 副菜

なすのからしじょうゆいため

ごはん

おすすめ アレンジ

✿ 主菜をアレンジ
たらのしょうが風味焼き

★ 副菜をアレンジ
切り干し大根とキャベツのだし煮

♥ 副菜をアレンジ
なすの甘辛いため

175ページ参照

CHAI

たたきえびのピカタ弁当

えびは焼き縮みを防ぐために開いて軽くたたくのがポイント。こうすれば冷めてもかたくならないし、いつものえびが豪華に見えます。副菜にはビタミンCもたっぷりの健康野菜を添えて。

726 kcal

15 分

✻ 主菜

たたきえびのピカタ

材料（1人分）

大正えび（殻つき）……中3尾

A
- 塩……小さじ¼
- こしょう……少々
- バジル（ドライ）……少々

小麦粉……適量

卵……1個

オリーブ油……小さじ1

1 下ごしらえをする

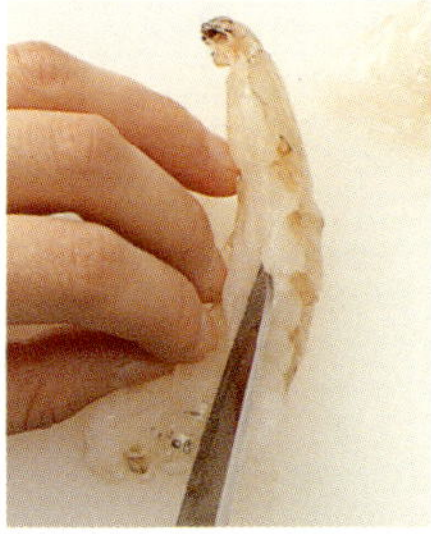

えびは殻と尾を除いて背わたをとり、腹側に包丁を入れて切り開く。

2 えびをたたき、下味をつける

えびの上にラップを敷いて、めん棒などでたたいて広げる。ラップをはずしてAをまぶす。

3 焼く

2に小麦粉を薄くまぶし、といた卵にくぐらせて、オリーブ油を熱したフライパンに並べ、弱めの中火で途中上下を返して2分ほど焼く。

★ 副菜

れんこんのレンジマリネ

材料（1人分）

れんこん90ｇ　A（塩小さじ¼　こしょう少々　赤とうがらし¼本　砂糖大さじ1　酢大さじ1.5　オリーブ油小さじ1　ローリエ½枚　水大さじ2）

作り方

①れんこんは薄い半月切りにし、酢少々（分量外）を加えた水に1分さらし、水けをきる。

②耐熱ボウルに①、Aを入れてまぜ、ラップをかけて電子レンジで1分加熱し、ボウルに入れたまま冷ます。

♥ 副菜

ブロッコリーのピーナッツバターあえ

材料（1人分）

ブロッコリー50ｇ　ピーナッツバター（無糖）大さじ1.5　砂糖小さじ½　しょうゆ小さじ¼

作り方

①ブロッコリーは小房に分け、大きいものは半分に切る。塩少々（分量外）を加えた熱湯でゆでて、ざるに上げる。

②ピーナッツバター、砂糖、しょうゆを合わせて、①をあえる。

詰め方のポイント

汁けをきったマリネをカップに入れて詰め、横にプリーツレタスを敷いてたたきえびのピカタを重ねてのせる。仕切りをはさんであえ物を彩りよく詰める。仕切りがない弁当箱の場合はカップに入れて詰める。主食はパンまたはごはんでもＯＫ。

menu

✻主菜
たたきえびのピカタ

★副菜
れんこんのレンジマリネ

♥副菜
ブロッコリーのピーナッツバターあえ

パン
プリーツレタス

アレンジおかず

✻主菜をアレンジ
えびのマヨいため

★副菜をアレンジ
れんこんのきんぴら風

♥副菜をアレンジ
ブロッコリーのみそあえ

176ページ参照

ほたてのねぎみそチーズ焼き弁当

香ばしく焼いた主菜も下ごしらえいらずのボイルほたてなら簡単。お弁当のメニューにオーブントースター料理を1品入れると、副菜が同時進行できるので時間短縮に。

826 kcal

15 分

menu

主菜
ほたてのねぎみそチーズ焼き

副菜
いんげんのベーコン巻き

副菜
もやしのレモンマリネ

おかかごはん

主菜
ほたてのねぎみそチーズ焼き

材料（1人分）

ほたて貝（ボイルしたもの）……2個
ねぎ……6cm
みそ……大さじ1
ピザ用チーズ……15g

1 ほたてを切る
ほたてはそぎ切りにして、厚みを半分にする。

2 ねぎみそを作る
ねぎは小口切りにし、みそを加えてまぜる。

3 焼く
クッキングシートを敷いた受け皿にほたてを並べる。2のねぎみそを塗って、その上にチーズをのせ、オーブントースターでこんがりと焼き色がつくまで焼く。

★ 副菜
いんげんのベーコン巻き

材料（1人分）

さやいんげん50g　ベーコン3枚　塩、こしょう各少々　オリーブ油小さじ1

作り方

1 いんげんは塩少々（分量外）を加えた熱湯で1〜2分ゆでて水にとり、水けをふく。半分に切って塩、こしょうを振る。
2 いんげんは3等分してベーコン1枚ずつで巻き、ようじで止める。
3 フライパンにオリーブ油を熱して、中火で②をこんがりと焼き色がつくまで転がしながら焼き、にじみ出た脂をペーパータオルでふきとる。

♥ 副菜
もやしのレモンマリネ

材料（1人分）

豆もやし100g　A（塩小さじ1/3　レモン汁1/2個分　砂糖小さじ1/2　オリーブ油小さじ1）　あらびきこしょう少々

作り方

1 もやしはひげ根をとり、酢少々（分量外）を加えた熱湯で1〜2分ゆでてざるに上げ、水けをきる。
2 Aを合わせてもやしをあえ、仕上げにこしょうを振る。

詰め方のポイント

ごはんを詰めて、しょうゆ少々をからめた削りがつおをのせる。おかず用の弁当箱の両わきに、ほたてのねぎみそチーズ焼きといんげんのベーコン巻きを詰め、中央に仕切りを兼ねてカップに入れたマリネを詰めると、すき間ができにくい。

おすすめアレンジ

主菜をアレンジ
ほたてのでんがく

副菜をアレンジ
いんげんの卵とじ

副菜をアレンジ
もやしの白ごまあえ

177ページ参照

まぐろのピカタ弁当

お肉感覚で調理も簡単！ 粉をつける前に水けをふくのが決め手

417 kcal
30 分

menu
- ✱主菜 まぐろのピカタ
- ★副菜 きのこのさっと煮
- ♡副菜 糸寒天ときゅうりのあえ物

ごはん
サラダ菜

詰め方のポイント

ごはんを詰め、バランをはさんできのこのさっと煮を詰める。もう一方の弁当箱に主菜を詰め、サラダ菜をはさんであえ物を詰める。

★副菜

きのこのさっと煮

材料（1人分）

しめじ、えのきだけ各½パック　赤とうがらし½本　A（しょうゆ大さじ1　酒大さじ½　みりん小さじ1　水大さじ3）

作り方

1. しめじ、えのきは石づきを除いてほぐす。赤とうがらしは種をとる。
2. 小なべにA、赤とうがらしを入れて煮立て、しめじを加えて一煮する。しんなりしたらえのきを加え、一まぜして火を止める。

♡副菜

糸寒天ときゅうりのあえ物

材料（1人分）

糸寒天3ｇ　きゅうり¼本　セロリ10ｇ　ラディシュ1個　レモンの輪切り1枚　塩少々　A（レモン汁小さじ1　酢小さじ⅔　砂糖小さじ½　ごま油小さじ¼　塩少々）

作り方

1. 糸寒天はぬるま湯にひたしてしんなりともどし、水けをきって5㎝長さに切る。
2. きゅうり、セロリは2㎝長さの短冊切り、ラディシュは輪切りにし、合わせて塩を振って軽くもみ、しんなりしたら水けをしぼる。
3. Aをまぜ合わせて①、②をあえ、レモンを添える。

✱主菜

まぐろのピカタ

材料（1人分）

まぐろの赤身80ｇ　塩、こしょう各少々　小麦粉大さじ½　とき卵½個分　サラダ油小さじ1

作り方

1. まぐろは1㎝幅のそぎ切りにし、塩、こしょうを振る。
2. まぐろの水けを軽くふいて小麦粉を全体にまんべんなくまぶし、とき卵にくぐらせる。
3. フライパンにサラダ油を熱して②を入れ、中火で焼く。焼き色がついたら上下を返して、卵液が固まるまでこんがり焼く。

★まぐろや白身魚などの刺し身を利用しても。

♡副菜

とさかのりのぬた

材料（1人分）

とさかのり（乾燥）2g　わけぎ50g　A（みそ、酢各小さじ1　砂糖小さじ⅓）

作り方

❶とさかのりはたっぷりの水に10分ほどひたしてもどし、水けをきる。
❷わけぎは長さを半分にしてしんなりとゆで、ざるにとってぬめりを洗い、水けをしぼって5㎝長さに切る。
❸Aを合わせてなめらかにまぜ、①、②をあえる。

★副菜

しいたけのじゃこ煮

材料（1人分）

生しいたけ4個　ちりめんじゃこ20g　A（だし⅓カップ　しょうゆ、みりん各小さじ1　砂糖小さじ½　酒大さじ½）

作り方

❶しいたけは軸を切り落として薄切りにする。じゃこはざるに入れ、さっと洗って水けをきる。
❷小なべにAを入れて煮立て、しいたけを加える。再び煮立ったらじゃこを加えて弱火にし、ときどきまぜて汁けがなくなるまで煮る。

✱主菜

鮭の酒蒸し

材料（1人分）

生鮭の切り身70g　レモンの薄い半月切り2枚　青じそ3枚　A（酒小さじ1　塩少々）

作り方

❶鮭は皮と骨を除いて一口大のそぎ切りにし、Aで下味をつける。
❷耐熱皿に鮭を並べてレモンを上にのせ、ラップをかけて電子レンジで1分20秒～1分40秒加熱し、そのままおいて冷ます。
❸青じそを鮭の間にはさんで詰める。

鮭の酒蒸し弁当

さっぱり味の主菜は電子レンジにおまかせ。副菜はこっくり味に

menu

- ✱主菜　鮭の酒蒸し
- ★副菜　しいたけのじゃこ煮
- ♡副菜　とさかのりのぬた

ごはん

372 kcal

20 分

詰め方のポイント

ごはんを詰め、しいたけのじゃこ煮はカップに入れて詰める。味が移ってもよい鮭の酒蒸しとぬたをもう一方の弁当箱に彩りよく詰め合わせる。

フライパン一つでパパッと！ カラフルで栄養バランスも満点

鮭と野菜のソテー弁当

512 kcal　20 分

menu

- ✻主菜　鮭のソテー
- ★副菜　ピーマンとかぼちゃのソテー
- ♡副菜　野菜サラダ

ごはん
ゆかり（市販品）

詰め方のポイント

ごはんを詰めてゆかりを振る。鮭と野菜のソテーはどちらの味が移ってもよいので、主菜から順にすき間ができないようにきっちり詰めていく。

✻主菜

鮭のソテー

材料（１人分）

生鮭½切れ　塩、こしょう各少々
サラダ油小さじ１

作り方

❶鮭は一口大のそぎ切りにして塩、こしょうを振る。
❷フライパンにサラダ油を熱して鮭の両面を焼き、中まで火を通す。

★副菜

ピーマンとかぼちゃのソテー

材料（１人分）

ピーマン½個　かぼちゃ40ｇ　塩、こしょう各少々　サラダ油小さじ１

作り方

❶ピーマンは種とへたをとって縦に細く切る。かぼちゃは種とわたをとり、５㎜厚さの薄切りにする。
❷フライパンにサラダ油を熱し、かぼちゃを入れて、弱火で火が通るまで焼く。
❸途中上下を返してピーマンも加えて焼き、塩、こしょうで調味する。

♡副菜

野菜サラダ

材料（１人分）

きゅうり４㎝　ミニトマト２個　プリーツレタス½枚　フレンチドレッシング（市販品）適量

作り方

きゅうりは２㎝厚さの輪切りにし、ミニトマトとともに食べやすくピックに刺す。プリーツレタスを敷いた上に詰め、好みのドレッシングを別の容器に入れて添える。

教えて！

Q 鮭フライを作ったら塩辛くてがっかり！

A フライやソテーには、おなじみの塩鮭より生鮭や甘塩鮭が合います。鮭の旬は初夏と秋冬。買うときは身が厚くて表面につやのあるものがおすすめ。秋冬の鮭は脂が乗っていて美味。ただしダイエット中のかたは食べすぎに要注意。

menu

主菜
鮭ときのこのホイル焼き
副菜
たけのこの煮物
副菜
こんにゃくのみそ煮
副菜
いんげんのおひたし

ごはん
ふりかけ（市販品）
たくあん（市販品）

鮭ときのこのホイル焼き弁当

人気のヘルシーバランス弁当。低カロリーでもおいしさは◎

353 kcal

20分

詰め方のポイント

ごはんに好みのふりかけを振る。主菜はアルミホイルごと詰め、副菜の煮物に絹さやを彩りよく飾る。こんにゃくはようじに刺して食べやすく。

主菜

鮭ときのこのホイル焼き

材料（1人分）

生鮭½切れ　しめじ¼パック　ねぎ10cm　A（酒大さじ½　塩少々）　レモンの半月切り1枚

作り方

1. ねぎは斜め薄切りにし、しめじは石づきを除いてほぐす。
2. 大きめに切ったアルミホイルにねぎとしめじを敷いて鮭をのせ、Aを振り入れて包む。
3. ②をオーブントースターで5～6分焼く。アルミホイルの口を広げてさらに2分焼き、鮭に火を通す。レモンを添える。

副菜

たけのこの煮物

材料（1人分）

たけのこの水煮（穂先のほう）½個　絹さや2枚　A（だし1カップ　酒大さじ1　砂糖、しょうゆ各小さじ1　塩少々）

作り方

1. たけのこは乱切りにし、ゆでる。
2. 小なべに①、Aを入れて煮立て、弱火にしてふたをし、10分煮てそのまま冷ます。
3. 絹さやは塩少々（分量外）を加えた熱湯でさっとゆでる。

副菜

いんげんのおひたし

材料（1人分）

さやいんげん5～6本　A（だし大さじ2　しょうゆ、みりん各小さじ½　塩少々）

作り方

1. いんげんは2～3cm長さの斜め切りにし、熱湯でゆでる。
2. ①の水けをよくきって、Aをからめる。

副菜

こんにゃくのみそ煮

材料（1人分）

玉こんにゃく3個　A（だし⅔カップ　みそ大さじ1　砂糖小さじ2）

作り方

1. 玉こんにゃくは熱湯で1～2分下ゆでし、くさみをとる。
2. 小なべに①、Aを入れて煮立て、中火にして汁けがなくなるまで煮詰めてそのまま冷ます。

あじの揚げ煮弁当

揚げたての熱いうちに、甘辛いたれをからめるのがおいしさの秘訣

757 kcal

25 分

menu

- 主菜　あじの揚げ煮
- 副菜　高菜と牛肉の煮物
- 副菜　キャベツのおひたし

ごはん　白ごま
たくあん（市販品）

主菜
あじの揚げ煮

材料（1人分）

あじ1尾　小麦粉少々　A（しょうゆ大さじ1弱　みりん、水各大さじ2　砂糖少々）　揚げ油適量

作り方

❶あじは三枚におろして一口大に食べやすく切る。
❷①に小麦粉を薄くまぶし、中温に熱した揚げ油でからりと揚げる。
❸小なべにAを合わせて煮立て、②を入れて味をからめる程度に煮る。

副菜
高菜と牛肉の煮物

材料（1人分）

高菜漬け30ｇ　牛薄切り肉30ｇ　A（しょうゆ、酒各少々）　サラダ油少々

作り方

❶高菜は水洗いして軽く塩出しをし、水けをしぼって小口から刻む。
❷牛肉は小さめの一口大に切る。
❸小なべにサラダ油を熱して高菜と牛肉をいため、Aを加えて汁けがなくなるまでいり煮にする。

副菜
キャベツのおひたし

材料（1人分）

キャベツ½枚　A（だし、しょうゆ各少々）

作り方

キャベツは熱湯でさっとゆでて刻み、水けをしぼってAをからめる。

詰め方のポイント

ごはんを詰め、香ばしくいった白ごまを振りかける。揚げ煮を詰め、あれば木の芽を飾る。副菜２品とたくあんなどの漬け物を添える。

教えて！

Q 前の日の煮物をそのままお弁当にしてもだいじょうぶ？

A 煮物は作った翌日のほうが味がしみておいしいのですが、そのまま詰めるのは厳禁。特に夏季は高温多湿のため、お弁当のおかずが傷みやすいので注意が必要です。必ず再加熱してから冷まし、汁けをきって詰めること。中まできちんと火を通すことで滅菌できます。

詰め方のポイント

仕切りのない弁当箱におにぎりとおかずを詰める場合は、ちぎったレタスなどで仕切る。あじは汁けをきり、せん切り野菜をたっぷりのせて詰める。

五つの色を詰め合わせた、栄養バランスGOODの典型的なお弁当

あじの焼きびたし弁当

412 kcal　30 分

menu

- 主菜　あじの焼きびたし
- 副菜　ブロッコリーとミニトマトのおかかあえ
- 副菜　かぼちゃのシナモン風味
- 主食　ゆかりおにぎり

レタス

♡副菜

かぼちゃのシナモン風味

材料(１人分)

かぼちゃ(正味)40ｇ　砂糖小さじ½　シナモンパウダー少々

作り方

❶かぼちゃはラップに包み、電子レンジで50秒加熱する。
❷一口大に切って、砂糖、シナモンを振る。

♣主食

ゆかりおにぎり

材料(１人分)

ごはん150ｇ　ゆかり少々

作り方

あたたかいごはんにゆかりをまぜ、俵形のおにぎり３個を作る。

★副菜

ブロッコリーとミニトマトのおかかあえ

材料(１人分)

ブロッコリー50ｇ　ミニトマト20ｇ　削りがつお１ｇ　Ａ(しょうゆ、だし各小さじ１)

作り方

❶ブロッコリーは小房に分け、大きいものは半分に切って熱湯でゆでる。
❷ミニトマトはへたをとり、味がなじむように竹ぐしで表面を刺し、半分に切る。①と合わせてＡであえ、削りがつおをまぶす。

✽主菜

あじの焼きびたし

材料(１人分)

あじ(三枚におろしたもの)70ｇ　ねぎ、にんじん各８ｇ　酒小さじ½　Ａ(だし、しょうゆ、みりん各小さじ１)

作り方

❶あじは、酒を振って10分ほどおく。
❷ねぎとにんじんはせん切りにし、Ａを合わせる。
❸よく熱した焼き網にあじをのせ、両面を色よく焼いて中まで火を通す。あじが熱いうちに②を汁ごとかけ、しばらくおいて味をなじませる。

白身魚の酢豚風弁当

甘酢あんをからめたチャイニーズ仕立てなら魚嫌いでもパクパク

648 kcal

20 分

menu

主菜
白身魚の酢豚風

副菜
さつまいものバター煮

ごはん　ふりかけ（市販品）
しば漬け（市販品）

主菜

白身魚の酢豚風

材料（1人分）

白身魚（たらなど）1切れ　下ゆでしたにんじん、ゆでたけのこ各30ｇ　赤・緑ピーマン各½個　生しいたけ1個　A（塩、酒各少々　卵白⅓個分）　B（砂糖、しょうゆ各大さじ1弱　酢大さじ½強　水大さじ2　かたくり粉小さじ1弱）　サラダ油大さじ1

作り方

1. 白身魚は一口大に切り、Aを加えてまぜ、下味をつける。
2. 野菜は食べやすく切る。しいたけは軸を切り落として1.5cm角に切る。
3. Bは合わせておく。
4. フライパンにサラダ油を熱して①をいためる。油が回ったら②を加えていため合わせ、③で調味する。

副菜

さつまいものバター煮

材料（1人分）

さつまいも30ｇ　A（砂糖、バター各少々）

作り方

1. さつまいもは皮をむき、拍子木切りにして水にさらす。
2. 小なべに①を入れ、ひたひたの水、Aを加えて汁けがなくなるまで煮る。

詰め方のポイント

ごはんを詰めて好みのふりかけをかける。まず主菜を詰め、副菜としば漬けはアルミホイルで汁もれをしっかりガード。カップでもOK。

教えて！

Q お弁当のおかずなのにあんをからめてもOKなの？

A 意外にもお弁当向きの調理法なのです。材料を油でいためて火をよく通し、酢の入ったあんをからめることで腐敗防止に。さらにかたくり粉が水分を封じ込めるのでいっそう傷みにくいおかずに。肉だんごを揚げてから、甘酢あんをからめたりしてもおいしいですよ。

♡副菜

アスパラのおかかあえ

材料(１人分)

グリーンアスパラガス40ｇ　薄口しょうゆ、削りがつお各少々

作り方

アスパラガスは根元のかたいところを除き、塩少々(分量外)を加えた熱湯で色よくゆでて冷水にとり、水けをきって３㎝長さに切り、しょうゆ、削りがつおであえる。

♣副々菜

キャベツのもみ漬け

材料(１人分)

キャベツ20ｇ　きゅうり10ｇ　Ａ(塩少々　しょうがのせん切り１枚分)

作り方

キャベツはせん切りにし、きゅうりは薄切りにし、Ａを加えてもみ、水けをしぼる。

★青じそを加えてもおいしい。

★副菜

うず巻き卵

材料(１人分)

卵大１個　Ａ(みりん小さじ１強　塩少々)　焼きのり¼枚　サラダ油少々

作り方

❶卵は割りほぐしてＡをまぜる。

❷フライパンを熱してサラダ油を薄く引き、①を一度に流して半熟状に焼き、のりを重ねて巻きながら焼く。冷めたら食べやすく切る。

✱主菜

えびのしそ巻きフライ＆フライドポテト

材料(１人分)

えび(殻つき)大２尾　青じそ２枚　フライドポテト(冷凍)50ｇ　塩、こしょう各少々　Ａ(小麦粉、とき卵、パン粉各適量)　揚げ油、ウスターソース各適量

作り方

❶えびは殻と背わたをとり、塩、こしょうを振って青じそを巻き、Ａの衣を順につける。

❷低めの中温に熱した揚げ油に凍ったままのポテトを入れ、火を少し強めて揚げる。中温にして①を入れて、からりと揚げる。

おなじみのえびフライと卵焼きも、アイデアしだいでごちそう風に

えびのしそ巻きフライ弁当

666 kcal　20 分

menu

✱主菜
えびのしそ巻きフライ＆フライドポテト

★副菜
うず巻き卵

♡副菜
アスパラのおかかあえ

♣副々菜
キャベツのもみ漬け

ごはん

詰め方のポイント

ごはんを詰め、もみ漬けをカップに入れて添える。えびのフライとポテトを先に詰め、うず巻き卵は切り口を上に。ソースは別容器に入れる。

♡副菜

大根サラダ

材料（１人分）

大根60ｇ　貝割れ菜1/8パック　Ａ（マヨネーズ小さじ２　レモン汁小さじ１　しょうゆ、塩各適量）

作り方

❶大根は皮をむいて縦に薄切りにし、さらに端から２㎜幅のせん切りにする。貝割れ菜は根元を落とし、長さを半分に切る。

❷Ａをまぜ合わせて①をあえる。

475 kcal　20 分

★副菜

じゃがいもの明太子あえ

材料（１人分）

じゃがいも１個　からし明太子1/4腹　Ａ（牛乳大さじ１　こしょう適量）

作り方

❶じゃがいもは皮をむき、四つ割りにしてゆでる。竹ぐしがすっと通るようになったらゆで汁を捨て、再び中火にかけて、なべを揺すりながら水分をとばし、粉ふきにする。

❷明太子は薄皮を除いてほぐし、Ａを加えてなめらかにまぜ合わせて、じゃがいもがあたたかいうちにあえる。

✻主菜

ほたてのフライ風

材料（１人分）

ほたて貝の貝柱２個　塩、こしょう、とき卵各適量　Ａ（パセリのみじん切り小さじ１　パン粉大さじ２）小麦粉小さじ１

作り方

❶ほたては水けをふいて塩、こしょうを振る。

❷Ａはまぜ合わせておく。

❸ほたてに小麦粉を薄くまぶし、とき卵にくぐらせて②をたっぷりとまぶし、軽く押さえてなじませる。

❹オーブントースターの受け皿に③をのせ、こんがりと焼き色がつくまで５分焼く。

menu

✻主菜
ほたてのフライ風

★副菜
じゃがいもの明太子あえ

♡副菜
大根サラダ

ごはん　いり白ごま
菜の花の漬け物（市販品）
サラダ菜

オーブントースターで手軽にできるノンオイルフライはいかが

ほたてのフライ風弁当

詰め方のポイント

ごはんを詰めて白ごまを振り、菜の花の漬け物を添えているが、漬け物は好みのものでＯＫ。おかずはサラダ菜を仕切りにして詰める。

ほたてのつけ焼き弁当

ほたてとおにぎりをオーブントースターでいっしょに焼くと時間短縮に

menu

- ✽主菜 ほたてのつけ焼き
- ★副菜 なすのみそいため
- ♡副菜 クレソンとかまぼこのからしあえ
- ♣主食 焼きおにぎり

ミニトマト
たくあん、きゅうりの漬け物（市販品）

詰め方のポイント

からしあえを詰めてバランで仕切り、食べやすいようにピックに刺したなすと、ほたてのつけ焼きをバランスよく重ねて詰め合わせる。

450 kcal　20 分

♣主食

焼きおにぎり

材料（１人分）

ごはん160ｇ　しょうゆ適量

作り方

❶あたたかいごはんを半量ずつ三角ににぎり、しょうゆをハケで塗る。

❷オーブントースターの受け皿にアルミホイルを敷いて①をのせ、表面が乾いてこんがりした焼き色がつくまで焼き、上下を返してさっと焼く。

✽主菜

ほたてのつけ焼き

材料（１人分）

ほたて貝の貝柱２個　Ａ（酒、しょうゆ各小さじ１）

作り方

❶ほたてはＡをからめて下味をつける。

❷よく熱した焼き網、またはオーブントースターに①を入れて、表面に焼き色がつくまで焼く。

★副菜

なすのみそいため

材料（１人分）

なす１個　Ａ（だし大さじ１　みそ、砂糖、しょうゆ各小さじ１）　ごま油小さじ１

作り方

❶なすはへたを切り落として、７～８㎜厚さの輪切りにし、水にさらしてアク抜きし、水けをふきとる。

❷Ａを合わせてなめらかにまぜる。

❸フライパンを熱してごま油をなじませ、①をいためる。しんなりしたら②を加えて弱火にし、まぜながら汁けがほとんどなくなるまで煮る。

♡副菜

クレソンとかまぼこのからしあえ

材料（１人分）

クレソン80ｇ　かまぼこ50ｇ　Ａ（しょうゆ小さじ１　だし小さじ２　ねりがらし小さじ½）

作り方

❶クレソンは根元のかたい部分を切り落とし、塩少々（分量外）を加えた熱湯でゆでて冷水にとり、水けをしぼって３～４㎝長さに切る。

❷かまぼこは半分に切って薄切りにする。

❸Ａを合わせて①、②をあえる。

卵焼き弁当

なにかと出番が多い卵焼きは不思議な料理です。でき上がりは十人十色なのに、お母さんの卵焼きがいちばんおいしいと感じるのですから。「だしを加えて卵液をこす」ちょっとした基本テクで、いつもの味がグンとアップします。

657 kcal

15 分

menu

- 主菜 卵焼き
- 副菜 セロリと油揚げの甘辛いため
- 副菜 えのきとさくらえびの蒸し煮
- 主食 グリンピースごはん
- ブロッコリーの塩ゆで

主菜

卵焼き

材料(作りやすい分量)

卵		3個
A	だし	大さじ2
	砂糖	大さじ½
	塩	少々
	しょうゆ	小さじ½
サラダ油		適量

1 卵液を作ってこす

卵は割りほぐし、一煮して冷ましたAをまぜて万能こし器でなめらかにこす。

2 焼く

卵焼き器を熱してサラダ油を薄く引き、卵液の¼量を流し入れて菜箸の先で小さくまぜながら焼き、表面が乾いてきたら手前に巻き込む。

3 仕上げる

あいたところに油を薄く引いて卵を向こうに移し、手前にも油を引いて卵液を⅓量ずつ流し、2と同様に焼く(菜箸1本をさし込むと巻きやすい)。切り分けて⅓量詰める。

★ 副菜

セロリと油揚げの甘辛いため

材料(1人分)

セロリ½本　セロリの葉少々　油揚げ½枚　A(みりん大さじ2　しょうゆ小さじ1)　サラダ油小さじ1

作り方

1. セロリは小口切りにして葉は刻む。油揚げは横半分にして細切りにし、熱湯をかけて油抜きする。
2. フライパンにサラダ油を熱して①をいため、油が回ったらAを加えて汁けがなくなるまでいためる。

♥ 副菜

えのきとさくらえびの蒸し煮

材料(1人分)

えのきだけ100g　さくらえび大さじ1　A(酒大さじ1　しょうゆ小さじ1)

作り方

1. えのきだけは根元を少し落とし、長さを3等分に切ってほぐす。
2. 小なべに①、Aを入れ、ふたをして中火で1分ほど蒸し煮にする。
3. さくらえびを加えて、汁けが少なくなるまで中火で煮詰める。

♣ 主食

グリンピースごはん

材料(作りやすい分量)

米2カップ　グリンピース⅔カップ　塩小さじ1

作り方

1. 米はといでざるに上げ、30分おく。グリンピースは塩を加えた熱湯1.5カップで2分ゆでて冷ます。
2. 炊飯器に米、グリンピースのゆで汁だけを入れ、普通に水かげんして炊く。炊き上がったらグリンピースを加えてさっくりとまぜて180g詰める。

詰め方のポイント

一方の弁当箱にグリンピースごはんを詰める。おかず用の弁当箱の中央に卵焼きを詰めてボリューム感を出し、左右のあいたスペースにカップに入れた副菜2品を詰める。ブロッコリーの塩ゆで（塩少々を加えた熱湯でゆでて冷ます）を彩りよく添えてすき間を埋める。

おすすめアレンジ

✿主菜をアレンジ
卵とグリンピースの茶巾

★副菜をアレンジ
セロリと油揚げのだし煮

♡副菜をアレンジ
えのきとじゃこの蒸し煮

178ページ参照

ゆで卵の牛肉巻き弁当

ゆで卵も薄切り肉でクルリと巻くとりっぱな主菜になります。調味料はおなじみのオイスターソースだけですが、うまみとこくが加わって絶品。栄養価の高いチンゲンサイと、豆板醤をきかせた大根の副菜をとり合わせて。

menu

✱主菜
ゆで卵の牛肉巻き
オイスターソース味

★副菜
チンゲンサイのしょうゆいため

♥副菜
大根のピリ辛酢

ごはん
ゆかり（市販品）
サニーレタス

576 kcal　**20** 分

✱主菜

ゆで卵の牛肉巻き オイスターソース味

材料（1人分）

卵……1個
牛もも薄切り肉……1枚（35g）
小麦粉……適量
オイスターソース……小さじ2
サラダ油……大さじ½

1 卵をゆでる

卵はかぶるくらいの水に入れ、酢少々（分量外）を加えて火にかけ、煮立ったら弱火にして約10分ゆでて水にとり、冷まして殻をむく。

2 粉をまぶす

小麦粉を茶こしに入れ、ゆで卵の全体に薄く振る。

3 肉を巻く

牛肉を広げてゆで卵をのせ、厚みが均一になるように巻いて小麦粉を薄く振る。

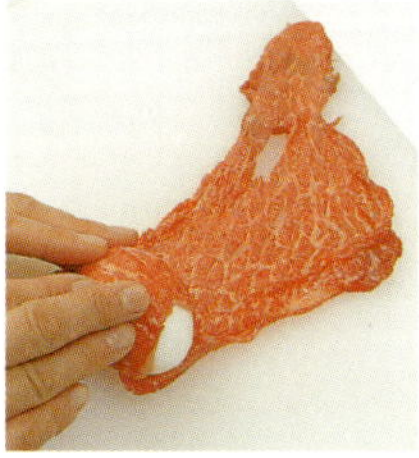

4 焼く

フライパンにサラダ油を熱して3を入れ、中火でときどき転がしながら焼き色をつけ、火が通ったらオイスターソースを加えてからめる。冷めたら半分に切る。

★副菜

チンゲンサイのしょうゆいため

材料（1人分）

チンゲンサイ1株　しょうゆ、ごま油各小さじ1

作り方

❶チンゲンサイは葉を1枚ずつはがして、一口大のそぎ切りにする。
❷フライパンにごま油を熱し、強火で①をいため、仕上げにしょうゆを回し入れる。

♥副菜

大根のピリ辛酢

材料（1人分）

大根100g　A（豆板醤（トウバンジャン）小さじ½　酢大さじ1.5　塩少々）

作り方

❶大根は皮をむいて、縦に4等分して乱切りにし、塩少々（分量外）を振って水けが出たら、さっと洗って水けをふく。
❷Aを合わせて、①を10分つける。

おすすめアレンジ

✱主菜をアレンジ
ゆで卵の豚肉巻き ケチャップしょうゆ味
★副菜をアレンジ
チンゲンサイの塩いため
♥副菜をアレンジ
大根の酢じょうゆづけ
179ページ参照

詰め方のポイント

小ぶりの弁当箱にごはんを詰めてゆかりを振りかける。ゆで卵の牛肉巻きは動きやすいので、ちぎったサニーレタスを敷いて詰めると安定する。一つの弁当箱に詰めるときはごはん、主菜、副菜の順に入れていくと詰めやすい。

スパニッシュオムレツ弁当

安価で良質なタンパク質が豊富な卵は困ったときのお助け素材。ビタミンCや食物繊維たっぷりの野菜と組み合わせれば、さらに◎。小さい子どものお弁当には、アンチョビーのかわりにベーコンでも。

590 kcal

15 分

menu

主菜
スパニッシュオムレツ

副菜
しめじのワイン蒸し

副菜
なすとアンチョビーのオリーブ油いため

パン
フリルレタス

主菜

スパニッシュオムレツ

材料(作りやすい分量)

卵		3個
じゃがいも		½個
玉ねぎ		小½個
ピーマン(赤、緑)		各1個
A	塩	小さじ⅓
A	こしょう、ナツメグ	各少々
バター		10g

1 下ごしらえをする

玉ねぎは薄切り、ピーマンは縦半分にして種とへたを除き、1.5cm角に切る。じゃがいもは皮をむいて薄いいちょう切りにし、水に1分さらして水けをきる。

2 野菜をいためる

フライパンにバターをとかして、玉ねぎ、じゃがいも、ピーマンを加えていため、しんなりしたらAで調味する。

3 卵を加えて焼く

といた卵を流し入れて大きくかきまぜ、半熟状になったら表面を平らにして弱火にし、3～4分焼いて上下を返し、さらに1～2分焼く。冷めたら食べやすく切り分けて⅓量詰める。

副菜

しめじのワイン蒸し

材料(1人分)

しめじ100g　白ワイン大さじ2　レモン½個　A(塩小さじ¼　あらびきこしょう少々)

作り方

1. しめじは石づきを除いて小房に分け、白ワインとともに小なべに入れ、ふたをして蒸し煮にする。
2. レモンは2枚の薄い輪切りにして皮をむき、残りはしぼって、Aを振りまぜる。
3. ②に①を蒸し汁ごと加えてまぜ、冷ます。

副菜

なすとアンチョビーのオリーブ油いため

材料(1人分)

なす1個　アンチョビー(フィレ)1枚　A(塩、こしょう各少々)　オリーブ油大さじ2

作り方

1. なすは5mm厚さの輪切りにして、水にさっとくぐらせて水けをふく。
2. アンチョビーはあらみじんに切る。
3. オリーブ油を中火であたためてなすをいため、アンチョビー、Aで調味する。

詰め方のポイント

油を使ったおかずには生野菜をバランスよく添えて。ここではフリルレタスを敷いてオムレツを詰めているが、サラダ菜やきゅうりなどでも。副菜2品は味が移らないようにカップに入れて詰める。主食は好みのパン、またはごはんでも。

おすすめアレンジ

✱ 主菜をアレンジ
ミックスベジタブルのオープンオムレツ

★ 副菜をアレンジ
マッシュルームのワイン蒸し

♡ 副菜をアレンジ
なすのみそいため

180ページ参照

詰め方のポイント

汁けが出るものがないので主菜と副菜を隣り合わせに詰め合わせ、ブロッコリーの塩ゆでをすき間に詰める。ごはんには昆布のつくだ煮を添えて。

★副菜

油揚げのフライパン焼き

材料（1人分）

油揚げ½枚　A（しょうゆ、みりん各小さじ1　砂糖少々）

作り方

❶油揚げはフライパンに入れ、弱火でじっくり両面を焼く。
❷カリッとなったらAをかけて香ばしく焼き、一口大に切る。

♥副菜

さつまいものレモン煮

材料（1人分）

さつまいも50g　A（砂糖小さじ1　塩、レモン汁各少々　水¼カップ）

作り方

❶さつまいもは皮つきのまま、1cm厚さのいちょう切りにする。
❷小なべにAを合わせ、①をやわらかく煮る。

♣副々菜

ブロッコリーの塩ゆで

材料（1人分）

ブロッコリー30g　塩少々

作り方

ブロッコリーは小房に分け、塩を加えた熱湯でゆでてざるに上げる。

たらことの相性もバツグン！ フライパンで焼いて半分に折るだけ

簡単卵焼き弁当

624 kcal　15分

✱主菜

簡単卵焼き

材料（1人分）

卵1個　たらこ¼腹　あさつき2本　A（みりん、砂糖各小さじ½　しょうゆ、塩各少々）　サラダ油少々

作り方

❶卵は割りほぐしてAをまぜる。
❷たらこは薄皮を除いてほぐし、あさつきは小口切りにして①に加えてまぜる。
❸フライパンにサラダ油を熱して②を流し入れ、大きくまぜながら半熟状にし、二つに折る。あら熱がとれたら食べやすく切る。

menu

✱主菜　簡単卵焼き
★副菜　油揚げのフライパン焼き
♥副菜　さつまいものレモン煮
♣副々菜　ブロッコリーの塩ゆで

ごはん
昆布のつくだ煮（市販品）

126kcal

15分

うまみがじんわりしみ込んで美味

厚揚げとチンゲンサイのオイスターソース煮

材料（１人分）

厚揚げ½枚　チンゲンサイ½株　A（スープ½カップ　オイスターソース小さじ１　しょうゆ、砂糖、酒各小さじ½）

作り方

❶厚揚げは熱湯にくぐらせて油抜きし、水けをきって１cm厚さに切る。
❷チンゲンサイは葉と茎を切り分け、茎は縦二つに切る。
❸小なべにAを煮立てて厚揚げを入れ、中火で２～３分煮る。
❹チンゲンサイを加え、煮汁をスプーンですくいかけながら、さらに４～５分煮る。

200kcal

15分

豆腐はゆでて余分な水分をカット

豆腐ハンバーグ

材料（１人分）

木綿豆腐½丁　鶏ささ身のひき肉40ｇ　A（ねぎ５cm　にんじん、玉ねぎ各10ｇ）　B（かたくり粉大さじ½　とき卵¼個分　塩小さじ⅓　こしょう少々）　サラダ油適量

作り方

❶豆腐は熱湯で２～３分ゆでて余分な水分を除き、ふきんにとって水けをしぼる。
❷Aの野菜はそれぞれみじん切りにして、サラダ油少々でしんなりするまでいためる。
❸ひき肉、①、②、Bを合わせ、粘りが出るまでねりまぜて２等分し、小判形にまとめる。
❹フライパンにサラダ油少々を熱し、③を両面こんがりと焼く。

豆腐＆豆腐加工品のおかず

89kcal

10分

しみじみおいしいおふくろの味

油揚げと青菜の煮物

材料（１人分）

油揚げ½枚　小松菜80ｇ　だし½カップ　A（しょうゆ大さじ½　みりん小さじ１）

作り方

❶油揚げは熱湯をかけて油抜きし、水けをしぼって１cm幅の細切りにする。
❷小松菜は５cm長さに切る。
❸小なべにだしを強火で煮立て、Aで調味して油揚げを入れ、中火にして一煮する。
❹小松菜を加えてしんなりするまで煮る。火を止め、そのまま冷まして味を含ませ、汁けをきって詰める。

139kcal

10分

やっぱり和風！ 甘辛味で香ばしく

豆腐ステーキ

材料（１人分）

木綿豆腐½丁　A（しょうゆ、酒各小さじ１）　B（みりん、しょうゆ各小さじ１）　サラダ油少々

作り方

❶豆腐は水きりし、端から１cm幅に切ってAを振りかけ、10分おく。
❷フライパンにサラダ油を熱し、豆腐の汁けをきって並べる。フライパンを揺すりながら中火で焼き色をつける。
❸くずさないようにそっと上下を返して焼き、最後にBを振り入れて味をからめる。

751 kcal　20 分

大好きなハムとチーズをからりと揚げて滅菌対策もこれでOK!

ハムのチーズサンドフライ弁当

♡副菜

しめじのいため煮

材料（1人分）

しめじ½パック　A（しょうゆ小さじ2　酒小さじ1.5　砂糖小さじ1）　サラダ油少々

作り方

❶しめじは石づきを除いてほぐす。

❷フライパンにサラダ油を熱して①をさっといため、Aを加えて汁けがなくなるまでいり煮にする。

★好みで七味とうがらしを振っても。

♧副菜

きゅうりとくらげの酢の物

材料（1人分）

きゅうり¼本　塩くらげ、ごま油各少々　甘酢適量

作り方

きゅうりは蛇腹切りにし、塩抜きした塩くらげと合わせ、ごま油を加えた甘酢であえる。

★副菜

れんこんの煮物

材料（1人分）

れんこん100ｇ　絹さや3枚　A（だし½カップ　しょうゆ、みりん各適量）

作り方

❶れんこんは5㎜厚さの半月切りにして水にさらし、水けをきる。

❷小なべにAを合わせてやや濃いめの味つけにし、煮立ったら①を入れて煮る。

❸絹さやは塩少々（分量外）を加えた熱湯でさっとゆでる。

詰め方のポイント

ごはんに黒ごまを斜めに振る。サンドフライは切り口を上にして並べ、いため煮とれんこんの煮物は彩りの絹さやで仕切って詰める。

menu

- ✻主菜　ハムのチーズサンドフライ
- ★副菜　れんこんの煮物
- ♡副菜　しめじのいため煮
- ♧副菜　きゅうりとくらげの酢の物

ごはん　いり黒ごま
紅しょうが

✻主菜

ハムのチーズサンドフライ

材料（1人分）

ハム2枚　プロセスチーズの薄切り2切れ　A（小麦粉、とき卵、パン粉各適量）　揚げ油適量

作り方

❶ハムは半分に切り、間にチーズ1枚をはさんでAの衣を順につける。

❷中温に熱した揚げ油で①を揚げ、冷めたら半分に切る。

肉＆魚加工品のおかず

99kcal

15分

花束を包むように下側を細くして

ハムのコルネ

材料（1人分）

ハム2枚　じゃがいも60ｇ　ピーマン½個　Ａ（酢小さじ1　塩、こしょう各少々）

作り方

❶じゃがいもは皮をむき、1㎝厚さのいちょう切りにしてゆで、やわらかくなったらゆで汁を捨て、再び中火にかけてなべを揺すりながら水分をとばし、なめらかにつぶす。

❷ピーマンは種とへたを除いてみじん切りにし、①に加えてＡで調味し、よくまぜる。

❸ハムに②をのせてコルネ形に包み、ようじで止める。

91kcal

20分

子どもが好きなケチャップ味にして

クイック ロールキャベツ

材料（1人分）

キャベツ小2枚　ウインナソーセージ大1本　Ａ（スープ½カップ　トマトケチャップ大さじ½）

作り方

❶キャベツはかたい軸をそぎ落とし、しんなりとゆでてざるに広げて水けをきり、冷ます。

❷①を重ね、ソーセージを手前端において、左右を折りたたみ、くるくると巻いてようじで止める。

❸小なべにＡを合わせて煮立て、②を入れてアルミホイルなどで落としぶたをし、弱火で5～8分煮る。一口大に切り、汁けをきる。

152kcal

10分

卵で栄養とボリュームもアップ

かまぼこのピカタ

材料（1人分）

かまぼこ60ｇ　小麦粉大さじ½　とき卵½個分　パセリ少々　サラダ油小さじ1

作り方

❶かまぼこは7㎜厚さに切る。

❷かまぼこに小麦粉を薄くまぶし、とき卵にくぐらせて、サラダ油を熱したフライパンに並べ、中火で焼き色をつけて上下を返す。

❸卵がかたまり、こんがりと焼き色がつくまで焼き、パセリを添える。

158kcal

15分

冷蔵庫に残っている野菜を加えて

ちくわの卵とじ

材料（1人分）

ちくわ小1本　卵1個　にんじん20ｇ　ねぎ¼本　Ａ（だし⅓カップ　しょうゆ大さじ1　砂糖、みりん各小さじ1）

作り方

❶ちくわは7㎜厚さの斜め切りにする。

❷にんじんは皮をむいて薄い短冊切りにする。ねぎは斜め薄切りにする。

❸小なべにＡを合わせて煮立て、にんじんを入れて中火にし、やわらかくなるまで煮る。

❹ちくわ、ねぎを加えて3分ほど煮、といた卵を回し入れてふたをし、1分ほど蒸し煮にして火を止める。

お弁当じょうずの
基礎レッスン

Lesson 1

お弁当作りが断然らくになる冷凍活用テク

主菜の肉や魚を冷凍。使う前の晩に冷蔵庫に移しておくと、朝すぐ調理できるので、お弁当作りがぐっとらくになります。また、少量使いの香味野菜も冷凍しておくと、お弁当作りに即役立ちます。冷凍した日付を書いて、３～４週間を目安に使いきりましょう。

鶏肉、薄切り肉（豚肉、牛肉）

お弁当のおかずに登場する回数が多い肉に下味をつけて、冷凍しておくと便利です。冷凍するときは、冷凍用保存袋に入れて、できるだけ平らにして冷凍します。こうしておけば、冷凍、解凍も早く、調理をするのもらくです。凍ると板状になるので、立てかけて冷凍保存しておくとスペースもとりません。

味つけの参考例
上は鶏肉（親子煮用）200ｇ　りんごのすりおろし¼個分　しょうゆ大さじ１
中は牛切り落とし肉200ｇ　好みの焼き肉のたれ大さじ２
下は豚バラ薄切り肉200ｇ　おろししょうが大さじ½　みりん、しょうゆ各大さじ１
※いずれも仕上げは焼くだけでＯＫです。

ひき肉（豚、鶏、牛、合いびき肉）

しっかり味のしみた肉そぼろは、ごはんにのせたり（40ページ）、卵にまぜて焼いたり（171ページ）、野菜とあえたりと応用範囲が広いので多めに冷凍しておくと便利です。賢くセールのときにひき肉を買って、下ごしらえをしてから小分けにして冷凍用保存袋に入れ、薄く広げて冷凍します。

切り身魚（鮭、さわら）

苦手な魚料理も切り身なら簡単です。くっつかないように冷凍用保存袋に１切れずつ（用途によっては一口大のそぎ切りにして）間隔をあけて並べ入れ、できれば金属製のバットなどに平らにおいて冷凍します。凍ったらバットをはずしてコンパクトにまとめて。

香味野菜（玉ねぎ、ねぎ、しょうが）

お弁当作りの味出しや香り出しに欠かせない玉ねぎ、ねぎ、しょうがのみじん切り。まるごとでは冷凍には向きませんが、みじん切りにすればだいじょうぶ。小さな容器にふんわり入れて冷凍しておけば、使いたい分だけとり出せます。使うときは凍ったままフライパンでいためて。おろししょうがは１回分ずつ小分けにして（小さじ１程度が目安）容器に間隔をあけて並べ、冷凍します。調理を始める前に常温にとり出して自然解凍を。

2

大好き!
パン・ごはん・
めんが主役の
お弁当

毎日お弁当を作っていると、言葉にしなくても家族の気持ちがわかるようになります。
最近食欲がなさそうとか、そろそろ白いごはんとおかずのお弁当に飽きたのかな？と思ったら、
大好きな具をたっぷりサンドしたパンや、味のついたごはんやめんが主役のお弁当にすれば、
子どもだけでなく大人にも喜んでもらえます。主食に肉や野菜などをプラスして
栄養と味のバランスに気をつければ、おかずがいつもより1品少なくてだいじょうぶ。
ここで紹介するレシピなら、簡単、おいしい、見ばえがいいから楽しみながら作れます。

詰め方のポイント

ホットドッグはワックス加工した紙（ラップでも）に包み、いちごとともにランチボックスに詰める。飲み物は好みで。

基本

いため野菜入りホットドッグランチ

menu

- いため野菜入りホットドッグ
- いちご

711 kcal　10 分

水けが出にくいブロッコリーと玉ねぎをいためて、
ソーセージといっしょにはさんだ自慢のオリジナルドッグです。
水分を吸収しないように、具をはさむ前に葉野菜でガードして。

いため野菜入りホットドッグ

材料（１人分）

ドッグパン……2個
あらびきウインナソーセージ……大２本
ブロッコリー……50ｇ
玉ねぎ……小⅛個
グリーンカール……適量
A　塩……小さじ¼
　　こしょう……少々
　　バジル（ドライ）……小さじ½
B　とんカツソース……大さじ½
　　トマトケチャップ……大さじ２
バター……適量
オリーブ油……大さじ½

作り方

❶ブロッコリーは小房に分けて三つ～四つに切り、玉ねぎは薄切りにし、オリーブ油でいためてAで調味する。
❷ソーセージは熱湯に入れてあたためる。
❸ドッグパンは中央に切り込みを入れてバターを薄く塗り、グリーンカールを敷いて①、ソーセージをのせてBのソースをしぼる。

応用

ポテトサラダ入りホットドッグランチ

ポテトサラダ入りホットドッグ

材料（１人分）と作り方

❶じゃがいも１個は洗ってラップに包み、電子レンジで４～５分加熱する。あら熱がとれたら皮をむいてざっとつぶし、牛乳大さじ１、塩とあらびきこしょう各少々で調味する。
❷きゅうり½本は斜めせん切りにして塩少々を振り、水けをしぼる。
❸ドッグパン２個の中央に切り込みを入れてバターを薄く塗り、グリーンカールを敷いて①、②、ボイルしたあらびきウインナソーセージを１本ずつのせて、ケチャップ、マヨネーズ各大さじ１、マスタード少々を合わせたソースをしぼる。

具をレンジ調理の
簡単ポテトサラダにかえて
ボリュームアップ。
ソースは
マスタードをきかせて
ちょっぴり大人向きに。

HEINZ
TOMATO KETCHUP
Heinz
MFD. IN U.S.A.
HEINZ

パン大好き派におすすめ！サンドイッチ6種

はさむ具も野菜からボリューム満点のお肉、缶詰め、フルーツなどいろいろ。簡単にできるのもうれしいけれど、楽しくおしゃべりしながら片手で食べられるのもサンドイッチの魅力。あなたならどれから作りますか？

A アボカドにんじんサンド

B ツナ卵サンド

C 照り焼きチキンサンド

D タラモサンド

E アップルチーズサンド

F カレーハンバーグサンド

作り方は102、103ページ

コツさえつかめば簡単!
サンドイッチじょうずの基本テク

1
水分を吸収しにくくするために、室温にもどしたバターをむらなく塗る。

2
好みの具をはさむ。特にきゅうりなどの生野菜は、ペーパータオルで水けをよくふいてからはさむ。

3
きつくしぼったぬれぶきんでサンドイッチを包み、軽めの重し(皿などでOK)をのせてパンと具をなじませてから切ると切りやすい。

A

こくのある味わいと、
この食感はやみつきになりそう！

アボカド にんじんサンド

614kcal

材料（１人分）

食パン（サンドイッチ用）４枚　アボカド½個　にんじん３cm　ハム２枚　レーズン（もどしたもの）大さじ１　レモン汁大さじ１　Ａ（クリームチーズ40ｇ　塩、こしょう各少々）　バター適量

作り方

❶にんじんはせん切りにし、塩少々（分量外）を振って５分おき、さっと洗って水けをしぼる。ハムは半分にして細切りにする。

❷アボカドは種と皮を除き、レモン汁をかけてつぶし、Ａ、①、レーズンをまぜる。

❸パンにバターを薄く塗り、②をはさんで適宜に切る。

B

おなじみ人気素材のとり合わせに、
粒マスタードは欠かせません

ツナ卵サンド

888kcal

材料（１人分）

食パン（サンドイッチ用）４枚　卵２個　ツナ（缶詰め）100ｇ　きゅうり½本　Ａ（マヨネーズ大さじ２　粒マスタード大さじ１　塩、こしょう各少々）　バター適量

作り方

❶卵はかぶるくらいの水に入れ、酢少々（分量外）を加えて火にかける。煮立ったら弱火にして約11分ゆでてかたゆでにし、水にとって冷まし、殻をむく。

❷きゅうりはスライサーで細長い薄切りにし、塩少々（分量外）を振って10分おき、水けをよくふく。

❸ゆで卵はあらみじんに切り、ツナは缶汁をきってＡをまぜる。

❹パンにバターを薄く塗り、②、③をはさんで適宜に切る。

C

抗菌効果のある
わさび漬けを塗って和風仕立てに

照り焼き チキンサンド

666kcal

材料（１人分）

食パン（サンドイッチ用）４枚　鶏もも肉１枚　スライスチーズ２枚　焼きのり½枚　Ａ（砂糖大さじ１　しょうゆ小さじ２）　わさび漬け大さじ1　バター適量　サラダ油小さじ1

作り方

❶フライパンにサラダ油を熱して鶏肉を皮目から中火で６～７分焼く。こんがりと焼き色がついたら上下を返し、２～３分焼いてＡを加え、照りよくからめる。

❷パンにバターを薄く塗って、わさび漬けも塗り、薄くそぎ切りにした①、チーズ、のりをはさんで適宜に切る。

100、101ページのサンドイッチの作り方

D

大好きなタラモサラダを
たっぷりサンドして召し上がれ

タラモサンド

500kcal

材料（１人分）

食パン（サンドイッチ用）４枚　じゃがいも２個　からし明太子（薄皮を除く）30ｇ　サニーレタス１～２枚　Ａ（玉ねぎのみじん切り大さじ１　塩小さじ⅓　こしょう少々　酢、サラダ油各大さじ½）　バター適量

作り方

❶じゃがいもは皮をむいて一口大に切る。やわらかくゆでて湯をきり、水分をとばして粉ふきにする。

❷熱いうちに①をつぶし、ほぐした明太子、合わせたＡをまぜる。

❸サニーレタスは洗って水けをよくふく。

❹パンにバターを薄く塗ってサニーレタスを敷き、②をはさんで適宜に切る。

E

りんごは変色しないように
切ったらすぐ焼くことがポイント

アップル チーズサンド

494kcal

材料（１人分）

食パン（サンドイッチ用）４枚　カマンベールチーズ50ｇ　りんご½個　レタス、ルッコラ各少々　バター適量

作り方

❶りんごはしんを除いて皮つきのまま５㎜厚さに切り、すぐにバター５ｇで両面を軽く焼く。

❷チーズは薄切りにする。

❸レタス、ルッコラは洗って水けをよくふく。

❹パンにバターを薄く塗り、レタス、ルッコラを敷き、①とチーズをはさんで適宜に切る。

F

食欲をそそられるカレー味。
これも傷ませない工夫のひとつです

カレー ハンバーグ サンド

835kcal

材料（１人分）

食パン（サンドイッチ用）４枚　合いびき肉200ｇ　玉ねぎのみじん切り小¼個分　きゅうり１本　トマトの輪切り（種を除いたもの）４枚　Ａ（塩小さじ½　カレー粉小さじ１　とき卵½個分　パン粉大さじ２）　バター、サラダ油各適量

作り方

❶フライパンにサラダ油小さじ１を熱し、玉ねぎをしんなりといためて冷まし、ひき肉にＡとともにまぜる。

❷きゅうりは薄い小口切りにし、塩水（分量外）に10分つけてもみ、水けをしぼる。

❸①のたねを２等分して平らに形づくり、サラダ油大さじ½を熱したフライパンで１～２分焼いて上下を返し、弱火にして火を通す。

❹パンにバターを薄く塗り、②、③、トマトをはさんで適宜に切る。

胚芽パンサンドランチ

歯ごたえがあって栄養豊富な胚芽パンは具をシンプルに

482 kcal
20 分

menu
卵サンド
トマトサンド
エンダイブ
いちご

卵サンド

材料（１人分）

胚芽パン（サンドイッチ用）２枚　卵１個　粒マスタード大さじ½　マヨネーズ小さじ２　塩、こしょう各少々

作り方

1. 胚芽パンは耳を切り落とす。
2. 卵はかぶるくらいの水に入れ、塩少々（分量外）を加えて火にかけ、煮立ったら中火にして12分ゆでてかたゆでにし、水にとって冷まし、殻をむく。
3. ②のゆで卵をあらみじんに切り、粒マスタードをまぜて塩、こしょうで調味する。
4. 胚芽パンにマヨネーズを塗り、③をはさむ。

トマトサンド

材料（１人分）

胚芽パン（サンドイッチ用）２枚　トマト½個　マヨネーズ小さじ2　塩、こしょう各少々

作り方

1. 胚芽パンは耳を切り落とす。
2. トマトは種をとって８㎜厚さに切り、塩、こしょうを振る。
3. 胚芽パンにマヨネーズを塗り、②をはさむ。

詰め方のポイント

サンドイッチはそれぞれ半分に切って、中身が見えるようにランチボックスに彩りよく並べ、いちごとエンダイブを詰め合わせる。

教えて！

Q サンドイッチには粒マスタードを使ったほうがいいの？

A マスタード（洋風ねりがらし）でもOKです。和風のねりがらしにくらべてツンとした辛みも少なく、ほとんどが酸味料（酢、ワイン、ぶどう果汁など）と香辛料で調味されているのでダブルの防腐効果が。やわらかいのでバターなどにもまぜやすく相性もぴったりです。

特有の風味と酸味のあるドイツ生まれの黒パンを使って

黒パンサンドランチ

menu

スモークサーモンサンド
ハムとチーズのサンド
スティック野菜

サラダ菜

557 kcal　15 分

詰め方のポイント

サンドイッチはそれぞれ中身を彩りよく見せて詰める。スティック野菜はペーパータオルで水けをふきとり、サラダ菜を仕切りにして入れる。

スモークサーモンサンド

材料（1人分）

黒パン2枚　A（スモークサーモン2～3枚　玉ねぎのみじん切り大さじ1　ケーパー、パセリのみじん切り、オリーブ油各小さじ1　レモン汁、塩、こしょう各少々）　エンダイブ（またはレタス）1枚　マッシュルーム1個　バター適量

作り方

1. スモークサーモンは食べやすく切り、Aのほかの材料とまぜ、汁けをきる。
2. エンダイブは洗って水けをよくふき、マッシュルームは薄切りにする。
3. パンにバターを薄く塗って1枚にエンダイブを敷き、①をのせてマッシュルームを並べ、もう1枚のパンではさむ。

スティック野菜

材料（1人分）

セロリ10㎝　にんじん5㎝　ミニきゅうり2本　塩少々

作り方

1. セロリは筋をとり、にんじんは皮をむき、四つ割りにする。
2. ①とへたを斜めに落としたミニきゅうりに塩を振る。

★普通のきゅうりなら½本を四つ割りにする。

ハムとチーズのサンド

材料（1人分）

黒パン2枚　ハム2枚　スライスチーズ2枚　サラダ菜½枚　バター適量

作り方

1. サラダ菜は洗って水けをよくふく。
2. 黒パンにバターを薄く塗って、1枚にサラダ菜を敷き、二つ折りにしたハム、スライスチーズをのせて、もう1枚のパンではさむ。

ハムとポテトの焼きサンドランチ

バター風味のフライパン焼きサンド。肉と野菜を添えて

鶏肉のつけ焼き

材料（1人分）

鶏もも肉80ｇ　A（酒、しょうゆ、みりん各少々）　サラダ油少々

作り方

1. 鶏肉は一口大に切り、Aで下味をつける。
2. フライパンにサラダ油を熱して鶏肉を焼き、火が通ったら①のつけ汁を加えてからめる。

ミモザサラダ

材料（1人分）

卵1個　クレソン、レタス、好みのドレッシング各適量

作り方

1. 卵はかぶるくらいの水に入れ、酢少々（分量外）を加えて火にかけ、煮立ったら弱火にして約11分ゆでてかたゆでにし、水にとって冷まし、殻をむく。
2. ゆで卵は輪切りにし、小さな容器にクレソン、ちぎったレタス、ゆで卵の白身を詰め、黄身を裏ごししながら散らす。ドレッシングを別添えにする。

ハムとポテトの焼きサンド

材料（2人分）

食パン（サンドイッチ用）4枚　じゃがいも小1個　A（さらし玉ねぎ、たらこ各少々）　厚切りハム1枚　B（マスタード、バター各適量）　バター大さじ1

作り方

1. じゃがいもは皮をむき、一口大に切ってやわらかくゆでてつぶし、Aをまぜる。
2. Bを合わせてパンに薄く塗り、そのうち2枚で①のポテトをはさみ、残り2枚でハムをはさむ。
3. フライパンにバターをとかし、②のサンドイッチの両面を焼いて冷まし、六つ切りにして½量詰める。

menu

ハムとポテトの焼きサンド
鶏肉のつけ焼き
ミモザサラダ

レタス
いちご

568 kcal　20分

詰め方のポイント

サンドイッチと汁けをきったつけ焼きを詰め合わせ、すき間にちぎったレタスといちごを詰める。サラダは別容器に詰める。

具はレンジでチン！ カリッとトーストしたパンにはさんでどうぞ

ポークの焼きサンドランチ

menu

ポークの焼きサンド
さつまいものレモン煮
トマトとコーンのサラダ

ピクルス（市販品）

518 kcal　15 分

ポークの焼きサンド

材料（１人分）

食パン（サンドイッチ用）２枚　豚ヒレかたまり肉80ｇ　マッシュルーム６個　玉ねぎの薄切り、塩、こしょう、小麦粉、レモン汁各少々　Ａ（粒マスタード、生クリーム各大さじ１　塩、こしょう各少々）　サラダ菜２枚　バター適量

作り方

❶豚肉は６㎜厚さに切り、両面に塩、こしょうを振って小麦粉をまぶす。マッシュルームは薄切りにし、レモン汁を振る。

❷①と玉ねぎを耐熱皿に入れ、Ａを加えてまぜる。ラップをかけて電子レンジで２分加熱する。

❸パンは軽くトーストしてバターを薄く塗り、サラダ菜、②をはさむ。

さつまいものレモン煮

材料（１人分）

さつまいも⅓本　Ａ（水大さじ２　砂糖大さじ½　レモン汁少々）

作り方

❶さつまいもは皮つきのまま８㎜厚さの輪切りにし、水にさらす。

❷①を耐熱ボウルに入れてＡを加え、ラップをかけて電子レンジで２分加熱する。

トマトとコーンのサラダ

材料（１人分）

トマト１個　ホールコーン（缶詰め）½カップ　クレソン適量　フレンチドレッシング（市販品）大さじ３

作り方

トマトは食べやすく切って種を除き、缶汁をきったホールコーン、クレソンと合わせ、ドレッシングであえる。

詰め方のポイント

サンドイッチは四つ切りにし、切り口を上にして詰める。サラダはプラスチック容器に入れて汁もれを防ぎ、レモン煮は冷めてから詰める。

ロールパンサンドランチ

かに缶とカッテージチーズをベースにした2種類の具をたっぷりはさんで

420 kcal

15 分

menu

ロールパンサンド2種
スティックサラダ

ロールパンサンド

材料(1人分)

ロールパン小2個　パイナップルの輪切り(缶詰め)1切れ　カッテージチーズ70g　かに(缶詰め)30g　レタス1枚　A(マヨネーズ大さじ1　レモン汁小さじ½　塩、こしょう各適量)

作り方

1. ロールパンは切り離さないように気をつけながら、中央に切り込みを入れる。
2. パイナップルは汁けをきって、あらみじんに切り、カッテージチーズに加えてまぜる。
3. かには汁けをきって軟骨をとり除き、こまかくほぐしてAを加えて調味する。
4. レタスは洗って水けをよくふき、食べやすく2〜3枚にちぎる。
5. ロールパン1個に②をはさむ。もう1個にはレタスと③のかにをはさむ。

詰め方のポイント

ロールパンサンドはそれぞれワックス加工した紙(ラップでも)に包む。サラダは容器に詰め、塩とこしょうを別に添えて持っていくとよい。

スティックサラダ

材料(1人分)

きゅうり½本　ラディシュ1個　塩、こしょう各適量

作り方

きゅうりは細長い乱切りにし、ラディシュは葉を落として縦半分に切る。塩、こしょうを添え、食べるときに振る。

バーガーズランチ

ファストフードのバーガーもいいけれど、手作りならポイントも高いはず

menu
ハンバーガー
照り焼きバーガー

482 kcal
20 分

ハンバーガー

材料(1人分)

バンズパン1個　A(合いびき肉100g　とき卵大さじ1　パン粉大さじ2　塩、こしょう各少々)　玉ねぎのみじん切り少々　トマト½個　きゅうり¼本　B(バター、マスタード各適量)　トマトケチャップ大さじ1　バター小さじ1　サラダ油適量

作り方

❶フライパンにバターをとかして玉ねぎをあめ色にいため、冷ます。
❷ボウルにA、①を入れて粘りが出るまでよくねり、円盤状に形づくる。
❸フライパンにサラダ油を熱して②を入れ、両面に焼き色をつける。ふたをして弱火にし、中まで火を通す。
❹トマトは薄い輪切りにして種をとり、きゅうりは斜め薄切りにする。
❺バンズパンは厚みを半分に切り、軽くトーストしてBを塗る。きゅうり、③のハンバーグをのせてケチャップをしぼり、トマトをのせて切り分けたパンを重ねる。

照り焼きバーガー

材料(1人分)

バンズパン1個　鶏もも肉100g　レタス1枚　A(しょうゆ大さじ½　みりん大さじ1)　マヨネーズ大さじ½　バター適量

作り方

❶ポリ袋にA、鶏肉を入れて口をしっかりと結び、1時間以上おいて下味をつける。
❷焼き網かグリルを熱し、汁けをきった①をのせて両面をこんがりと焼き、よく冷ます。
❸バンズパンは厚みを半分に切ってバターを薄く塗る。②と洗って水けをよくふいたレタスをのせてマヨネーズを塗り、切り分けたパンを重ねる。

詰め方のポイント

パンと具を別々に持っていき、食べるときにセルフサンドしても楽しい。パンが湿ってしまわないように、生野菜は水けをよくふいてからはさむ。

基本

具だくさんのチャーハン弁当

野菜、ベーコン、卵などを
たっぷり入れたチャーハン。
食べごたえがあるので、
あとは簡単な
野菜のおかずを添えるだけで
じゅうぶん満足できます。

具だくさんのチャーハン

材料（１人分）

ごはん	150ｇ
玉ねぎ	小⅛個
小松菜	60ｇ
ベーコン	１枚
卵	１個
A しょうゆ	小さじ１
A 塩	小さじ¼
A こしょう	少々
サラダ油	小さじ２

作り方

❶玉ねぎは薄切りにして、小松菜はこまかく刻む。ベーコンは１㎝幅に切る。

❷卵は割りほぐし、サラダ油小さじ１を熱したフライパンに流し入れて菜箸でまぜ、半熟状になったらいったんとり出す。

❸フライパンをさっとふいて残りのサラダ油を入れ、ベーコン、玉ねぎ、小松菜の順に加えていためる。ごはんを入れ、ほぐしながらいためてＡで調味し、②を戻し入れてまぜる。

かぼちゃのはちみつミルク煮

材料（１人分）

かぼちゃ100ｇ　Ａ（牛乳大さじ２　はちみつ大さじ½）

作り方

❶かぼちゃは種とわたを除いて一口大に切り、皮をところどころむいて耐熱皿に入れる。ラップをかけて電子レンジで３分加熱し、つぶす。

❷小なべに①、Ａを入れ、木べらでまぜながら水分がなくなるまで煮る。

カリフラワーのマリネ

材料（１人分）

カリフラワー50ｇ　Ａ（塩、こしょう各少々　レモン汁大さじ１　オリーブ油小さじ½）

作り方

❶カリフラワーは小房に分け、熱湯で約30秒ゆでてざるに上げる。

❷①が熱いうちにＡであえる。

応用

塩味のさっぱりチャーハン弁当

きのこの香りがただよう
塩味のチャーハンにアレンジして。
おかずは同じ材料を使って、
しょうゆベースの
和風味にします。

塩味のさっぱりチャーハン

材料（１人分）と作り方

❶基本のチャーハンの小松菜と卵のかわりに生しいたけ２個を使う。しいたけは軸を切り落として薄切りにする。玉ねぎ、ベーコンは基本と同様に切る。

❷サラダ油大さじ½で①をいため、しんなりしたらごはん150ｇを加えていため合わせ、塩小さじ⅓、あらびきこしょう少々で調味し、パセリのみじん切り大さじ½を振る。

レンジかぼちゃ

材料（１人分）と作り方

❶かぼちゃ100ｇは基本と同様にレンジで加熱する。

❷みりん小さじ２、しょうゆ小さじ１を合わせて、①が熱いうちに味をからめる。

カリフラワーの和風ピクルス

材料（１人分）と作り方

❶カリフラワー50ｇは基本と同様にゆでる。

❷塩少々、しょうゆ小さじ１、酢大さじ½、ごま油小さじ½を合わせて、①が熱いうちにあえる。

607 kcal　15 分

menu

- 具だくさんのチャーハン
- かぼちゃの
はちみつミルク煮
- カリフラワーの
マリネ

詰め方のポイント

チャーハンを詰め、隣に汁けをきったマリネをカップに入れて詰める。かぼちゃは別の容器に詰める。スプーンを添えると食べやすい。

基本

お急ぎオムライス弁当

ケチャップ味のいためごはんに
プレーンオムレツを堂々と
のせてでき上がり!
デザートはもちろんレンジで。
早い、おいしい、見ばえがいい、
三拍子そろったお弁当です。

お急ぎオムライス

材料(1人分)

- ごはん……150g
- 卵……1個
- 玉ねぎ……小1/8個
- ピーマン……1/2個
- マッシュルーム……2個
- ウインナソーセージ……2本(40g)
- A トマトケチャップ……大さじ1 / 塩……小さじ1/3 / こしょう……少々
- 塩、こしょう……各少々
- バター……5g
- サラダ油……大さじ1/2

作り方

1. 玉ねぎ、マッシュルームは薄切り、ピーマンは1cm角に、ソーセージは5mm厚さに切る。
2. サラダ油でピーマン以外の①をいため、玉ねぎがしんなりしたらピーマン、ごはんを加えていため合わせ、Aで調味する。
3. 卵は割りほぐして塩、こしょうで調味する。バターをとかした小さなフライパンに流し入れて大きくまぜ、半熟状になったらたたみながら端に寄せて形をととのえる。

アスパラの洋風いため

材料(1人分)

グリーンアスパラガス2本　A(塩、あらびきこしょう各少々　粉チーズ小さじ1)　オリーブ油大さじ1/2

作り方

1. アスパラガスは根元のかたいところを除き、下のほうの皮を4cmほど薄くむいて3～4cm長さに切る。
2. オリーブ油で①をいため、火を止めてAを振る。

プルーンとあんずの白ワイン煮

材料(2人分)

プルーン、あんず(ドライ)各5個　レモン1/2個　A(白ワイン1/2カップ　シナモンスティック1本　砂糖大さじ2)

作り方

1. プルーン、あんずは熱湯をかける。レモンは皮をむき、輪切りにする。
2. 耐熱ボウルにA、①を入れ、ラップを落としぶたにしてのせ、電子レンジで2分加熱して冷まし、1/2量詰める。

★多めに作って密閉容器に入れ、冷蔵保存しておくと便利。

応用

和風オムライス弁当

親子のお弁当を毎日作っているかたは必見。
味つけをかえるだけなので、
基本は子ども用、応用はパパ用にしても。

和風オムライス

材料(1人分)と作り方

1. 基本のオムライスのいためごはんと同様の材料をサラダ油大さじ1/2でいため、しょうゆ大さじ1/2、こしょう少々で調味する。
2. オムレツも基本と同様に作り、①にのせる。

アスパラのバターしょうゆいため

材料(1人分)と作り方

1. グリーンアスパラガス2本は基本と同様に切る。
2. フライパンにバター小さじ1をとかして①をいため、しょうゆ小さじ1で調味する。

プルーンとレーズンの赤ワイン煮

材料(2人分)と作り方

1. プルーン10個、レーズン大さじ2は熱湯をかける。レモン1/2個は皮をむき、輪切りにする。
2. 耐熱ボウルに①、赤ワイン1/2カップ、シナモンスティック1本、砂糖大さじ2を入れ、基本と同様にレンジで加熱して冷まし1/2量詰める。

menu

お急ぎオムライス

アスパラの洋風いため

プルーンとあんずの
白ワイン煮

750 kcal

15 分

詰め方のポイント

いためごはんを詰めて、オムレツを斜めにのせるとごはんも見えて豪華。カップにプルーンとあんずを交互に並べて彩りよく。

基本

お楽しみチキンカレー弁当

汁もれしないように、
ごはんにヨーグルトカレーが
かくれんぼ。
これなら食欲のない日も
喜んで食べてくれます。

ズッキーニのハーブグリル

材料（1人分）

ズッキーニ½本　マヨネーズ大さじ½　こしょう、タイム（ドライ）各少々

作り方

❶ズッキーニは四つ割りにし、グリルで上下を返して約10分焼く。

❷①を食べやすい長さに切って、マヨネーズ、こしょうで調味し、タイムを振る。

かぶのマリネ

材料（1人分）

かぶ1個　かぶの茎少々　塩1つまみ　A（レモン汁またはワインビネガー大さじ1　こしょう少々）

作り方

❶かぶは皮をむいて八つ割りにする。茎は食べやすく刻む。

❷①を耐熱ボウルに入れて塩を加え、ラップをふんわりかけて電子レンジで1分加熱し、Aをまぜる。

お楽しみチキンカレー

材料（1人分）

鶏もも肉……½枚
カレールー（市販品）……10g
玉ねぎ……小⅛個
ミニトマト……4個
レーズン……大さじ1
プレーンヨーグルト……⅔カップ
サラダ油……小さじ1

作り方

❶レーズンは熱湯に5分つけて、水けをきる。鶏肉は皮を除いて小さめの一口大に切り、玉ねぎは薄切り、ミニトマトは四つ割りにする。

❷フライパンにサラダ油を熱して、鶏肉、玉ねぎを2～3分いためる。

❸②にヨーグルトを加えて中火で2～3分煮る。火を止めてカレールーをとかし入れ、再び火にかけてレーズン、ミニトマトを加えて一煮し、冷ます。

応用

カレー味のライスコロッケ弁当

ごはんにカレーをまぜ込んでボリューム満点の一品にアレンジ。
さっぱりとした味わいの野菜のおかずがよく合います。

かぶのじゃこあえ

材料（1人分）と作り方

❶かぶ1個は皮をむいて八つ割りにする。

❷①を耐熱ボウルに入れて塩1つまみを振り、ちりめんじゃこ大さじ1を加え、ラップをふんわりかけて電子レンジで1分加熱する。

ズッキーニの和風グリル

材料（1人分）と作り方

❶ズッキーニ½本は基本と同様に焼いて食べやすい長さに切る。

❷ズッキーニが熱いうちに、しょうゆ小さじ½、こしょう少々をからめる。冷めたらちぎったレタスとともに詰める。

カレー味のライスコロッケ

材料（1人分）と作り方

❶基本のカレー50gとごはん150gをまぜ、3等分してラップにのせ、形をととのえる。

❷①に小麦粉、とき卵、パン粉の順に衣をつけ、中温に熱した揚げ油で1分ほど揚げる。

menu

お楽しみチキンカレー

ズッキーニの
ハーブグリル

かぶのマリネ

チーズ（市販品）は
好みで

677 kcal

15 分

詰め方のポイント

持ち運びのときに汁がもれないように、先にカレーを敷き詰めてからごはんを上にのせて、パセリのみじん切り少々を散らす。

基本

えびとれんこんのクイックまぜずし弁当

すしめしはお弁当が
傷みやすい時期に最適です。
下味をつけた具を
合わせ酢ごとごはんに加えて
まぜるだけなので、
だれでも気軽に作れます。

えびとれんこんのクイックまぜずし

材料（1人分）

ごはん		150g
むきえび		6尾
れんこん		30g
絹さや		3枚
卵		1個
A	酢	大さじ1
A	砂糖	大さじ½
A	塩	小さじ⅓
砂糖、塩		各少々

作り方

1. むきえびは背わたがあればとる。れんこんは薄い半月切りにし、酢少少（分量外）を加えた水に1分さらす。
2. 絹さやは熱湯でゆでて水にとる。その湯で、れんこんを30秒、えびを1分ゆでて水けをきり、Aの合わせ酢につけて冷ます。
3. 卵は割りほぐして砂糖、塩で調味する。小なべに卵液を入れ、中火にかけて菜箸で手早くまぜながらいり卵を作る。
4. あたたかいごはんに②のえびとれんこんを合わせ酢ごと加えて、さっくりと切るようにまぜる。

厚揚げとしいたけの煮物

材料（1人分）

厚揚げ½枚　生しいたけ2個　A（だし½カップ　砂糖小さじ2　しょうゆ大さじ½）

作り方

1. 厚揚げは一口大に切り、熱湯をかけて油抜きする。しいたけは軸を切り落として半分のそぎ切りにする。
2. 小なべにAを合わせて煮立て、①を入れて強火で3～4分煮る。

きゅうりの梅みそ

材料（1人分）

きゅうり½本　梅干し½個　みそ（あれば西京みそ）小さじ¼

作り方

1. きゅうりは3㎝長さに切って、縦半分に切り込みを入れる。
2. 梅干しは包丁でたたいてみそをまぜ、きゅうりにはさむ。

応用

サラダライス弁当

さわやかなドレッシングごはんに
彩りもきれいなミニトマトと
ハムをまぜて、洋風にアレンジ。
副菜は味つけをかえて。

サラダライス

材料（1人分）と作り方

1. 酢大さじ1、塩小さじ⅓、こしょう少々、オリーブ油大さじ½を合わせる。
2. あたたかいごはん150gに①を加えてさっくりと切るようにまぜ、あら熱をとる。
3. ミニトマト3個は四つ割りにし、ハム1枚はさっとゆでて5㎜角に切り、②のドレッシングごはんにまぜてパセリのみじん切り少々を散らす。

厚揚げのオイスターソース煮

材料（1人分）と作り方

1. 厚揚げ½枚は一口大にちぎり、熱湯をかけて油抜きする。
2. 小なべにオイスターソース大さじ½、水½カップ、鶏ガラスープのもと少々を合わせて煮立て、①を入れて強火で3～4分煮る。

きゅうりのしょうがみそ

材料（1人分）と作り方

1. きゅうり½本は3㎝長さに切って、縦半分に切り込みを入れる。
2. しょうがのせん切り少々にみそ（あれば西京みそ）小さじ½をからめて、きゅうりにはさむ。

menu

- えびとれんこんのクイックまぜずし
- 厚揚げとしいたけの煮物
- きゅうりの梅みそ

628 kcal

15 分

詰め方のポイント

まぜずし、カップに入れた煮物、きゅうりの梅みその順に詰める。まぜずしの上にいり卵をのせ、ゆでておいた絹さやをあしらう。

ごはん大好き派におすすめ！おにぎり6種

日本人ならやっぱりごはんですよね。それもおかずがいっしょになったおにぎりがいちばん！
お母さんのやさしい手のぬくもりが伝わって、なぜかほっとしあわせな気分になります。
おなじみのおにぎりから、いまどき人気のおにぎりまでお好みに合わせてどうぞ。

作り方は120、121ページ

A　鮭とたくあんのまぜごはんおにぎり

B　青じそツナマヨおにぎり

C　野沢菜巻きゆかりおにぎり

コツさえつかめば簡単！

形のよい三角おにぎりの作り方

1

ごはんが手にくっつかないように、水を用意して両手のひらにつけて湿らせる。ごはんをのせ、中央を少しくぼませて具を押し込む。

2

丸くまとめてから手のひらを軽く曲げ、ごはんに角をつけてキュッとにぎる。一角ごとに転がしながら同様ににぎり、三角に形づくる。

3

手のひらに塩を薄く塗り、おにぎりを手のひらの上で転がしながらキュッとにぎって、形をととのえながら全体に塩をまぶしつける。

A

かわいらしいまん丸おにぎりは
小さな子どものお気に入り

鮭とたくあんのまぜごはんおにぎり

435kcal

材料（１人分）

ごはん150〜180ｇ　塩鮭１切れ（90ｇ）　たくあんのせん切り大さじ1.5

作り方

鮭は焼いて皮と骨をとり除き、こまかくほぐす。あたたかいごはんに、たくあん、鮭をまぜて一口大の丸形ににぎる。

B

三つの素材が
ごはんとみごとにマッチして

青じそツナマヨおにぎり

341kcal

材料（１人分）

ごはん150〜180ｇ　ツナ（缶詰め）20ｇ　青じそ２枚　マヨネーズ小さじ１　こしょう少々　塩、焼きのり各適量

作り方

ツナ、マヨネーズをまぜて塩少々、こしょうを振り、２等分して青じそ１枚ずつで包み、あたたかいごはんの中に入れる。手のひらに塩をつけて三角ににぎり、のりを巻く。

★ここではわかりやすいように中を見せているが実際はごはんでしっかり包む。

C

ゆかりをまぜると、
ごはんの傷み防止にもなります

野沢菜巻きゆかりおにぎり

259kcal

材料（１人分）

ごはん150〜180ｇ　野沢菜漬け適量　ゆかり小さじ１強

作り方

あたたかいごはんにゆかりをまぜ、２〜３等分して俵形ににぎり、汁けをしぼった野沢菜漬けを巻く。

118、119ページのおにぎりの作り方

F

香ばしさと手作りならではの
素朴な味わいに、お父さんも絶賛

ごまみそ風味の焼きおにぎり

358kcal

材料（１人分）

ごはん150～180ｇ　A(すり白ごま、みそ各大さじ１　卵黄½個分)

作り方

あたたかいごはんを２等分して丸形ににぎり、アルミホイルを敷いた受け皿にのせて、オーブントースターで軽く下焼きする。まぜ合わせたＡを片面に塗って、再びこんがりと焼き色がつくまで焼く。

E

りんごのすりおろしが決め手の
焼き肉をまぜ込んで

青じその焼き肉おにぎり

389kcal

材料（１人分）

ごはん150～180ｇ　牛切り落とし肉40ｇ　青じそ４枚　Ａ(りんごのすりおろし⅛個分　しょうゆ小さじ１)　サラダ油小さじ１

作り方

牛肉はサラダ油でいためてＡで調味する。あら熱がとれたら刻んで、あたたかいごはんにざっとまぜる。２等分して三角ににぎり、青じそ２枚ではさむ。

D

ほどよいすっぱさが食欲を増進。
中身は食べてみてのお楽しみ

梅風味おにぎり

345kcal

材料（１人分）

ごはん150～180ｇ　梅干し１個　好みの具(焼きたらこ、昆布のつくだ煮)、焼きのり各適量

作り方

梅干しは種を除いて包丁でこまかくたたく。あたたかいごはんを２等分し、それぞれ好みの具を詰めて三角ににぎる。塩のかわりに表面に梅干しをまぶしつけて形をととのえ、のりを巻く。

ごはんがあたたかいうちににぎって、冷ましてから持っていくこと。冷えたごはんはにぎりにくいだけでなく、傷む原因にもなります。

子どもの大好きな味。買いおきの冷凍素材や缶詰めが役に立ちます

チキンピラフ弁当

menu

チキンピラフ
ツナ入りオムレツ
いんげんとにんじんの塩ゆで

プリーツレタス
福神漬（市販品）

842 kcal　20 分

チキンピラフ

材料（１人分）

ごはん250ｇ　鶏胸肉80ｇ　グリンピース（冷凍）大さじ２　Ａ（トマトケチャップ大さじ３　塩、こしょう各少々）　バター大さじ１

作り方

1. 鶏肉は1.5㎝角に切る。
2. フライパンにバターをとかして鶏肉をいため、ごはんを加えてほぐしながらいため合わせ、Ａで調味する。
3. 熱湯でもどしたグリンピースを加え、全体をまぜ合わせる。

ツナ入りオムレツ

材料（１人分）

卵１個　ツナ（缶詰め）大さじ１　パセリのみじん切り、塩、こしょう、サラダ油各少々

作り方

1. 卵は割りほぐして、ツナ、パセリを加えてまぜ、塩、こしょうで調味する。
2. フライパンにサラダ油を熱して①を流し入れ、かためのオムレツを作る。

いんげんとにんじんの塩ゆで

材料（１人分）

さやいんげん５本　にんじん５㎝　塩少々　好みでマヨネーズまたはフレンチドレッシング（市販品）適量

作り方

いんげん、にんじんは熱湯でゆでる。いんげんは２㎝長さに切り、にんじんは小さな型で抜いて塩を振る。マヨネーズまたはフレンチドレッシングを別の容器に入れ、食べるときにかける。

詰め方のポイント

ピラフを詰め、仕切りをはさんでちぎったプリーツレタスを敷き、オムレツを詰める。ゆで野菜と福神漬はそれぞれカップに入れて詰める。

すりおろせば、にんじん嫌いの子も知らずに食べてくれそう

キャロットライス弁当

menu

キャロットライス
チキンコーンフレークスフライの
レンジキャベツ添え
なすとしいたけの
ケチャップいため

464 kcal　15 分

詰め方のポイント

キャロットライスを詰め、仕切りをはさんでおかずを詰める。仕切りがない場合はケチャップ味が移らないようにいため物をカップに入れる。

キャロットライス

材料(1人分)

ごはん120g　にんじんのすりおろし大さじ1　塩少々　サラダ油小さじ1

作り方

❶フライパンにサラダ油を熱して、にんじんをいためる。

❷①にごはんを加えていため合わせ、塩で調味する。

チキンコーンフレークスフライのレンジキャベツ添え

材料(1人分)

鶏もも肉60g　キャベツ1.5枚　レモンのいちょう切り1枚　A(塩、ガーリックパウダー各少々)　B(小麦粉、とき卵、砕いたコーンフレークス各適量)　すし酢小さじ1　揚げ油適量

作り方

❶鶏肉は一口大に切り、Aをまぶしてラップに包み、電子レンジで2分加熱する。

❷①にBの衣を順につけ、中温に熱した揚げ油で揚げる。

❸キャベツはざく切りにしてラップに包み、電子レンジで40秒加熱する。

❹すし酢、レモンを合わせて③をあえる。

❺②と④を詰め合わせる。

なすとしいたけのケチャップいため

材料(1人分)

なす½個　生しいたけ1個　トマトケチャップ小さじ2　レモン汁、塩各少々　サラダ油小さじ1

作り方

❶なすは縦半分にして斜め切りにし、しいたけは軸を切り落として薄切りにする。

❷フライパンにサラダ油を熱して①をいため、ケチャップをからめてレモン汁を振り、塩で調味する。

うなぎごはん弁当

ちょっぴりバテぎみ？　そんなときはビタミンAたっぷりのお弁当に

728 kcal

25 分

menu

うなぎごはん
ミニオムレツ
かぼちゃの甘煮
菜の花のおひたし
大根の
ピリ辛酢じょうゆづけ

木の芽

詰め方のポイント

うなぎごはんを詰め、木の芽を添える。かぼちゃの甘煮とおひたしは、ある程度味がまざってもおいしいので、いっしょに並べて詰める。

うなぎごはん

材料（1人分）

ごはん160ｇ　うなぎのかば焼き（冷凍または真空パックのもの）½尾分

作り方

❶うなぎはそれぞれの表示に従ってゆでるか電子レンジであたため、5㎜幅に切る。

❷あたたかいごはんに①をたれごと加えてさっくりとまぜる。

ミニオムレツ

材料（1人分）

卵1個　プロセスチーズ1枚　こしょう少々　バター大さじ1

作り方

❶卵は割りほぐし、チーズを5㎜角に切って加え、こしょうを振ってまぜ合わせる。

❷フライパンにバターをとかし、①を一度に流し入れる。菜箸で形をととのえて小さいオムレツを作る。冷めたら食べやすく切る。

かぼちゃの甘煮

材料（1人分）

かぼちゃ150ｇ　A（水1カップ　砂糖大さじ1　しょうゆ小さじ1　塩少々）

作り方

❶かぼちゃは種とわたを除き、一口大に切って煮くずれしないように面取りする。

❷小なべに①、Aを入れ、煮立ったら弱めの中火にしてやわらかく煮含める。

菜の花のおひたし

材料（1人分）

菜の花2本　A（だし大さじ1　しょうゆ、みりん各小さじ1）　削りがつお少々

作り方

❶菜の花は塩少々（分量外）を加えた熱湯でゆでて水にとり、冷めたら2㎝長さに切って水けをしぼる。

❷Aを合わせて菜の花をあえ、削りがつおをまぶす。

大根の
ピリ辛酢じょうゆづけ

材料（1人分）

大根4㎝　A（水1カップ　塩小さじ1）　B（酢、しょうゆ各大さじ1　みりん大さじ½　赤とうがらしの小口切り少々）

作り方

❶大根は1㎝角の拍子木切りにし、表面に斜め格子の切り目を入れる。

❷①をAにつけ、手でもんでしんなりしたら水けをよくしぼる。

❸Bを合わせて②を10分ほどつける。

お父さんの疲労回復に、殺菌力もある梅干しを調味料がわりに加えて

鶏肉と枝豆のまぜごはん弁当

menu

鶏肉と枝豆のまぜごはん
いかのみそ焼き
トマトの和風サラダ

パセリ

416 kcal　15 分

詰め方のポイント

まぜごはんを詰める。トマトの和風サラダは、いかのみそ焼きに汁けが移らないようにアルミカップに入れて詰め、パセリを添える。

トマトの和風サラダ

材料(1人分)

トマト½個　みょうが1個　A(削りがつお、しょうゆ、酢各少々)

作り方

1. トマトは皮を湯むきして2㎝角に切り、種をとり除く。みょうがは小口切りにする。
2. Aを合わせて①をあえる。

鶏肉と枝豆のまぜごはん

材料(1人分)

ごはん140ｇ　鶏胸肉30ｇ　ゆでた枝豆(正味)大さじ3　梅干し小1個　塩少々

作り方

1. 鶏肉は塩を振り、熱した焼き網にのせて両面を焼き、小さくほぐす。
2. 梅干しは種を除いて小さくちぎり、鶏肉、枝豆とともにあたたかいごはんに加えてさっくりとまぜる。

いかのみそ焼き

材料(1人分)

いかの胴80ｇ　みそ大さじ2　酒少少

作り方

1. いかは1枚に開いて皮をむき、斜めにこまかく切り目を入れる。
2. みそは酒でのばしてなめらかにし、いかに塗って一晩おく。
3. 翌朝、②のいかのみそを除いてオーブントースターで両面を焼き、食べやすく切る。

教えて！

Q 梅干しはすっぱいからあまり好きじゃないけれど入れたほうがいい？

A 無理して入れることはありませんが、梅肉の酸味はクエン酸とリンゴ酸で、この酸が殺菌と胃酸の代用となるので整腸作用や食欲増進に効果があります。味つけや下味などにじょうずに使って、ごはんやおかずにからめるとお弁当が傷みにくく、味にも変化がつきます。

市販の粉末すし酢で手間なし！ 香味野菜で風味よく

サーモンずし弁当

425 kcal　15 分

menu

サーモンずし
ちくわの詰め物
いんげんのごまあえ

いちご

詰め方のポイント

サーモンずしを詰める。ちくわの詰め物は切り口を見せて詰め合わせ、ごまあえは味移りしないように汁けをきってカップに入れるとよい。

教えて！

Q 子どもの遠足だからがんばってまぜずしに。でも、ごはんがもっちり！

A あたたかいごはんにすし酢をかけて少し蒸らすのがコツ。うちわであおぎながらさっくりとまぜるとごはんにつやが出ます。具を別々に入れて何度もまぜるとごはんに粘りが出るので、すしめしの上に全部広げてからまぜましょう。

サーモンずし

材料（１人分）

ごはん150ｇ　スモークサーモン、青じそ各１枚　しょうがのみじん切り小さじ¼　粉末すし酢（市販品）小さじ２

作り方

1. あたたかいごはんに粉末すし酢を振りかけてまぜ、うちわなどであおぎながらあら熱をとる。
2. スモークサーモンは細切り、青じそはせん切りにし、しょうがとともに①に加えてさっくりと切るようにまぜる。

ちくわの詰め物

材料（１人分）

ちくわ１本　たらこ（ほぐしたもの）大さじ１　きゅうり、プロセスチーズ各４㎝長さの拍子木切り１本

作り方

1. ちくわは長さを３等分し、それぞれにたらこ、きゅうり、チーズを詰める。
2. ①をそれぞれ長さを半分に切る。

いんげんのごまあえ

材料（１人分）

さやいんげん４～５本　Ａ（しょうゆ小さじ１　すりごま小さじ½　砂糖少々）

作り方

1. いんげんは筋をとって３㎝長さの斜め切りにする。ラップに包み、電子レンジで1分50秒加熱して水にとる。
2. ①の水けをきり、Ａであえる。

これなら彩りもきれいで栄養バランス＆防腐効果も完璧！

ふくさ巻きごはん弁当

menu

ふくさ巻きごはん
つくね焼き
かぼちゃのチーズ焼き
いんげんのもろみあえ

815 kcal　20 分

かぼちゃのチーズ焼き

材料（１人分）

かぼちゃ80ｇ　粉チーズ小さじ１　塩、こしょう各少々　サラダ油小さじ２

作り方

❶かぼちゃは種とわたを除き、皮つきのまま薄切りにする。
❷フライパンにサラダ油を熱して①の両面を焼き、塩、こしょうを振る。火を止めて粉チーズを振る。

いんげんのもろみあえ

材料（１人分）

さやいんげん５本　もろみみそ（市販品）小さじ½

作り方

❶いんげんは塩少々（分量外）を加えた熱湯でゆで、ざるに上げて冷ます。
❷①を４㎝長さに切って、もろみみそであえる。

ふくさ巻きごはん

材料（１人分）

ごはん160〜180ｇ　卵１個　梅干し小１個　青じそ４枚　Ａ（みりん小さじ½　塩少々）　焼きのり、いり白ごま、サラダ油各適量

作り方

❶梅干しは種を除いてこまかく刻み、ごまとともにあたたかいごはんにまぜる。
❷卵は割りほぐしてＡをまぜ、サラダ油を薄く引いたフライパンに½量ずつ流し、薄焼き卵２枚を焼く。
❸薄焼き卵１枚に青じそ２枚を並べてのせ、①のごはんの半量を広げて巻く。２本作り、帯状に切ったのりで３カ所を止め、三つに切り分ける。

つくね焼き

材料（１人分）

鶏ひき肉100ｇ　Ａ（パン粉大さじ２　ねぎのみじん切り大さじ１　みそ小さじ½）　Ｂ（しょうゆ、酒各小さじ２　砂糖少々）　サラダ油小さじ２　青じそ３枚

作り方

❶ボウルにひき肉を入れて粘りが出るまでよくねり、Ａを加えてさらにねりまぜ、３等分して小判形にまとめる。
❷フライパンにサラダ油を熱し、①の両面を焼く。ほぼ火が通ったら合わせたＢを加え、汁けがなくなるまで味をからめながら焼く。
❸冷ましてから１個ずつ青じそ１枚ではさむ。

詰め方のポイント

ふくさ巻きごはんをきれいに並べて詰める。いんげんのもろみあえをカップに入れて詰めると仕切りになって、ほかのおかずに味が移らない。

基本

スパゲッティ ナポリタン弁当

お弁当にはやっぱりこの味。
ゆで上がったパスタに
サラダ油をからめておくと
めんがほぐれやすく、
冷めてもおいしく食べられます。
ぜひお試しを。

menu

- スパゲッティ ナポリタン
- フライドポテトの豚肉巻き
- ラディシュ

スパゲッティ ナポリタン

材料(1人分)

スパゲッティ……80g
玉ねぎ……小1/8個
赤ピーマン……1/2個
グリーンアスパラガス……1本
ミニトマト……3個
ハム……2枚
A［トマトケチャップ……大さじ2
　塩、こしょう……各少々
サラダ油……適量

作り方

❶玉ねぎは薄切り、ピーマンは細切りにし、アスパラガスは根元のかたいところを除いて2cm長さに切る。ミニトマトはへたをとって四つ割りにし、ハムは食べやすく切る。
❷フライパンにサラダ油大さじ1/2を熱し、ミニトマト以外の野菜とハムをいためてAで調味する。
❸スパゲッティは袋の表示どおりにゆでて湯をきり、サラダ油小さじ1/2をからめる。②に加えてまぜ合わせ、最後にミニトマトを入れてひとまぜする。

フライドポテトの豚肉巻き

材料(1人分)

豚薄切り肉2枚　フライドポテト(冷凍)4個　塩、こしょう、小麦粉各少々　しょうゆ小さじ1　サラダ油大さじ1/2

作り方

❶豚肉は長さを半分に切って、塩、こしょうを振る。
❷凍ったままのフライドポテトをしんにして豚肉で巻き、小麦粉を薄く振る。
❸フライパンにサラダ油を熱し、②の巻き終わりを下にして入れる。転がしながらこんがりと焼き色をつけて火を通し、しょうゆをからめる。

応用

ナポリ風ペンネ弁当

えのきの豚肉巻き

材料(1人分)と作り方

❶豚薄切り肉2枚は長さを半分に切って塩、こしょう各少々を振る。
❷えのきだけ40gは根元を少し落として豚肉で巻き、小麦粉を薄く振る。
❸フライパンにサラダ油大さじ1/2を熱し、基本と同様に焼いて、塩、こしょう各少々で調味する。サラダ菜を敷いて詰める。

ナポリ風ペンネ

材料(1人分)と作り方

❶基本のスパゲッティの具と同じ材料を用意し、基本の①、②と同様に作る。
❷ペンネ60gは袋の表示どおりにゆでて湯をきり、サラダ油小さじ1/3をからめる。①に加えてまぜ合わせ、最後にミニトマトを入れてひとまぜする。

パスタは冷めてもおいしい
シコシコ歯ごたえのペンネにかえて、
あとの材料と作り方は基本と同じ。
肉巻きもえのきを使えば、
切って巻くだけなので簡単!

786 kcal

15 分

詰め方のポイント

スパゲッティを詰めて野菜を彩りよく散らす。もう一方の弁当箱に肉巻きを詰め、ラディシュは根元と茎を1㎝残して切り、葉を添える。

基本

豚肉とキャベツの焼きそば弁当

時間がなくても、お弁当を
作らないわけには……
いためるだけの焼きそばに
目玉焼きをのせて。
じゃがいもをレンジでチン！
これならあっという間です。

ミニトマトときゅうりのポテトサラダ

材料（１人分）

じゃがいも１個　ミニトマト２個　きゅうり½本　Ａ（マヨネーズ大さじ１　しょうゆ小さじ１）

作り方

❶じゃがいも１個は洗ってラップに包み、電子レンジで４～５分加熱する。あら熱がとれたら皮をむいてつぶし、Ａで調味する。

❷きゅうりは薄い小口切りにして塩少々（分量外）を振り、しんなりしたらもんでさっと洗い、水けをしぼる。

❸ミニトマトはへたをとって四つ割りにし、①、②とまぜる。

詰め方のポイント

ランチボックスまたは弁当箱に焼きそばを詰めて目玉焼きをのせる。好みでソースを別に添えても。サラダは別の容器に詰めて持っていくとよい。

豚肉とキャベツの焼きそば

材料（１人分）

中華蒸しめん……………１玉
豚薄切り肉……………40ｇ
キャベツ……………１枚
ピーマン……………½個
ねぎ……………７㎝
卵……………１個
Ａ　とんカツソース……大さじ１
　　しょうゆ……小さじ１
　　塩、こしょう……各少々
サラダ油……………適量

作り方

❶豚肉、キャベツは一口大に切り、ピーマンは細切りにし、ねぎは小口切りにする。

❷フライパンにサラダ油大さじ½を熱して豚肉をいためる。肉の色が変わったら①の野菜、ほぐしためんを加えていためる。

❸②に水大さじ１を入れ、水けがなくなるまでいためてＡで調味する。

❹サラダ油小さじ½を引いたフライパンに卵を割り入れて、目玉焼きを作る。

応用

豚肉とキャベツの焼きうどん弁当

ゆでうどんで香ばしいしょうゆ味に。
ポテトサラダは加える具を
アレンジするだけなので簡単です。
あれば赤かぶ漬けを添えて
味のアクセントに。

豚肉とキャベツの焼きうどん

材料（１人分）と作り方

❶ピーマンを除いた基本の焼きそばの具と同じ材料を用意し、基本の①と同様に切る。

❷サラダ油大さじ½で肉と野菜をいため、ほぐしたゆでうどん１玉を加えていためる。

❸水大さじ１を入れ、水けがなくなるまでいためて、塩、こしょう各少々、しょうゆ大さじ½で調味する。削りがつお少々ともみのり⅙枚分を散らす。

えびときゅうりのポテトサラダ

材料（１人分）と作り方

❶むきえび３尾は背わたをとってゆで、１㎝幅に切る。

❷じゃがいもは基本と同様につぶして、マヨネーズ大さじ１、塩とこしょう各少々で調味する。

❸きゅうり½本は基本と同様に塩もみして①、②とまぜる。

menu

豚肉とキャベツの焼きそば

ミニトマトときゅうりの
ポテトサラダ

756 kcal

20 分

Lesson2

前の晩のちょこっと準備&レンジワザで時短

お弁当作りは限られた時間内に調理しなければなりませんが、下ごしらえのちょっとした工夫や、電子レンジを効率よく利用することで調理時間がかなり短縮できます。段取りよくスムーズにできるようになれば、毎日のお弁当作りがもっともっと楽しくなります。

ゆで卵

サラダなどに使うゆで卵は前の晩にゆでて、冷蔵庫で保存を。ひびが入ったとき卵白が流れ出るのを防ぐために、水に酢または塩少々を加えてゆでます。そのまま冷蔵庫に入れておくと黄身の周りが変色しがちですが、殻をむき半分に切って保存すればだいじょうぶ。

しらたき

煮たり、焼いたり、いためたり、毎朝ガス台はフル回転。下ごしらえできるものは前の晩にすませておくと、ガス台がふさがってパニックなんてことにもなりません。しらたきは下ゆでしてアク抜きし、水けをきって冷蔵庫に入れておくと、朝すぐ調理できます。

里いも

野菜の下ごしらえは電子レンジを利用すれば簡単。里いもは洗って皮つきのまま耐熱皿に入れ、ラップをかけてレンジで加熱します。あら熱がとれたら、包丁でかたいところを削ると皮がつるりとむけます。じゃがいも、かぼちゃもレンジならあっという間です。

ひじき

もどすのがめんどうと敬遠されがちですが、カルシウムが豊富なので、お弁当のおかずには大いに活用したいもの。夕食のあと片づけをしている間に下ごしらえをすると苦になりません。ひじきをもどして下ゆでし、水けをきって冷蔵庫に。たったこれだけで完了です。

ピクルス

つけ込む時間がかかるピクルスも電子レンジなら驚異の早ワザ。耐熱ボウルに野菜と調味料を入れてラップをかけ、レンジで加熱して、容器に入れたまま冷ますだけで完成。さっぱりしたおかずが1品ほしいときに、半端に残ったセロリ、にんじんなどで(42ページ)。

3

人気メニューを集めて特別な日のお弁当

運動会やお花見などの行楽弁当に何が入ってるとうれしいですか？　何を作りたいですか？
かやくごはん、いなりずし、のり巻き、ハンバーグ、えびフライが圧倒的に人気上位。
ハンバーグはともかく、いなりずしなんて……
こんなことなら、お母さんにちゃんと教わっておけばよかったと思っているかたのために、
人気メニューを集めたお弁当のレシピをご紹介。コツさえマスターすれば簡単なので、
家族やお友達と出かける特別の日には、とびきりおいしいお弁当を作って自慢してください。

かやくごはんおにぎり弁当

根菜や油揚げのうまみがたっぷりのかやくごはんを、食べやすいおにぎりにして。真っ白いごはんのシンプルおにぎりもちょっとあるとうれしいものです。大好物のえびフライ、卵焼きなどに、おやつにもぴったりの蒸しパンも添えて。いつものおかずでも家族みんなで青空のもとで食べると格別です。

menu （4〜6人分）

- かやくごはんおにぎり
- シンプルおにぎり
- えびとうずら卵のフライ
- 豚肉の揚げづけ
- さくらえびとあさつきの卵焼き
- きゅうりと玉ねぎのポテトサラダ
- さつまいも入り蒸しパン
- レタス　クレソン
きゅうりの塩漬け（市販品）
りんご　みかん

おかずと蒸しパンの作り方は136、137ページ

かやくごはんおにぎり

材料

米……………………………3カップ
にんじん、ごぼう…………各50g
干ししいたけ ………………4個
油揚げ………………………1枚
A ┌ 塩 ……………………小さじ1
　 │ しょうゆ………………大さじ1
　 └ 酒 ……………………大さじ2

作り方

❶米は炊く30分前にといで、ざるに上げておく。
❷にんじんは1.5〜2㎝長さのせん切り、ごぼうは細いささがきにして水にさらす。
❸しいたけはもどして軸を落とし、1.5〜2㎝長さの薄切りにする。もどし汁はとっておく。
❹油揚げは熱湯をかけて油抜きし、1.5〜2㎝長さのせん切りにする。
❺米を炊飯器に入れ、しいたけのもどし汁、Aを加えて普通の水かげんにする。
❻⑤に②、③、④の具を加え、ひとまぜして炊く。蒸らし時間が終わってスイッチが切れたら、全体にさっくりとまぜておにぎりにする。

シンプルおにぎり

材料

ごはん …………………300〜450g
塩鮭、たらこ、梅干しなど好みの具
　……………………………適量
焼きのり ……………………適量
塩……………………………適量

作り方

❶梅干し、焼いた塩鮭とたらこなど好みの具をあたたかいごはんの中に入れる。手のひらに塩をつけて三角ににぎる。
❷四角に切ったのりを①にはりつける。

詰め方のポイント

かやくごはんおにぎりとシンプルおにぎり、蒸しパンはいっしょに詰め合わせ、漬け物を添える。えびとうずら卵のフライ、ポテトサラダはそれぞれレタスを敷いた上に詰める。豚肉の揚げづけを詰め、あればクレソンを添える。

134、135のおかずと蒸しパンの作り方

さくらえびとあさつきの卵焼き

材料

卵……4個
さくらえび……大さじ4
あさつき……2～3本
A［塩……小さじ½
　 酒……大さじ½
サラダ油……適量

作り方

❶卵は割りほぐしてAで味をととのえ、さくらえび、あさつきの小口切りをまぜる。
❷卵焼き器を熱して油を薄く引き、①の卵液を2～3回に分けて流し入れ、焼いては巻き、と繰り返して焼き上げる。
❸巻きすで巻き締めて形をととのえ、冷めたら食べやすく切り分ける。

豚肉の揚げづけ

材料

豚ヒレ肉……250g
塩、こしょう……各少々
A［トマトケチャップ……大さじ4
　 酢……大さじ1
　 砂糖、しょうゆ……各小さじ1
かたくり粉、揚げ油……各適量

作り方

❶豚肉は5㎜厚さに切り、塩、こしょうを軽く振って下味をつける。
❷小なべにAを合わせて火にかけ、少し煮詰める。
❸豚肉にかたくり粉をまぶしながら、170度に熱した揚げ油に入れていき、中までよく火を通して揚げる。
❹油をきって、熱々のうちに②のソースに入れて味をからめる。

えびとうずら卵のフライ

材料

大正えび（殻つき）……8尾
うずら卵……4個
A［小麦粉……適量
　 とき卵……1個分
　 パン粉……適量
B［マヨネーズ……½カップ
　 ゆで卵……½個分
　 きゅうりのピクルス……小1本
　 レモン汁、塩、こしょう・各少々
トマトケチャップ、ウスターソース、塩、こしょう、揚げ油……各適量

作り方

❶えびは尾の1節を残して頭と殻をとり、背わたを抜く。腹側に2～3カ所包丁目を入れて筋切りをし、塩、こしょうを軽く振る。
❷うずら卵はかたゆでにして殻をむき、ようじを刺す。
❸①、②の水けをふき、Aの衣を順につけて180度に熱した揚げ油で揚げる。
❹Bのゆで卵とピクルスはみじん切りにし、マヨネーズとまぜる。塩、こしょう、レモン汁で調味する。
❺トマトケチャップ、ウスターソース、④のタルタルソースをそれぞれ密閉容器に入れる。好みのソースで食べる。

教えて！

Q

炊き込みごはんって
初心者には
むずかしいかしら？

A

そんなことはありません。炊き込みごはんは具を下煮してから米と合わせて炊く方法もありますが、刻んだ生のままの具と調味料を米に加えて炊く、ここで紹介した方法なら簡単です。どちらにも共通していえることは、均一に火が通るように野菜などの具を切るときは大きさをそろえて。これさえクリアすれば、あとはレシピどおりに水かげんをして具と調味料を入れてスイッチオン。簡単なのでぜひトライしてみてください。おにぎりにするときの炊き込みごはんの具は、普通よりこまかく刻んでおくとにぎりやすいです。

さつまいも入り蒸しパン

材料

さつまいも……100ｇ
ホットケーキミックス……200ｇ
卵……1個
牛乳……¾カップ

作り方

❶さつまいもは1㎝角に切り、水に10〜20分さらしてアク抜きし、水けをよくきる。
❷ホットケーキミックスに、よくほぐした卵と牛乳を加え、よくまぜ合わせてからさつまいもを加えてさっくりとまぜる。
❸アルミカップに②の生地を八分目ほどまで流し入れ、強火の蒸し器で10分蒸す。竹ぐしを刺してみて、生の生地がついてこなければ蒸し上がり。

きゅうりと玉ねぎのポテトサラダ

材料

じゃがいも……3個
玉ねぎ……½個
きゅうり……1本
A［こしょう……少々
　 酢……大さじ1
マヨネーズ……大さじ4〜5

作り方

❶じゃがいもは皮をむいて四つ割りにし、塩少々（分量外）を加えた水から入れてゆで、ゆで汁を捨てる。再び火にかけてなべを揺すり、粉ふきにする。
❷じゃがいもが熱いうちに3〜4㎜厚さに切り、Aを振っておく。
❸玉ねぎは薄切りにし、塩少々（分量外）を振ってしんなりさせ、ふきんに包んで流水の下でもみ、水けをよくしぼる。
❹きゅうりは小口から薄い輪切りにし、塩少々（分量外）を振ってしんなりさせ、水けをしぼる。
❺②、③、④をマヨネーズであえる。
★ゆでたにんじん、もどしたレーズンなどを好みでまぜても美味。

いなりずし弁当

いなりずしの油揚げはこっくりと、やや濃いめの味に煮上げるのがコツ。たくさん作ると、冷ます時間が意外にかかるものです。朝イライラしないように、前日のうちに煮ておくと味もなじんでおいしくなります。一口サイズの食べやすいミニハンバーグと、彩りのきれいな五目巻きの洋風おかずを添えて。

menu　(4～6人分)

- いなりずし
- パセリ風味のミニバーグ
- キャベツの五目巻き
- レタス　ミニトマト　クレソン

おかずの作り方は140、141ページ

いなりずし

材料

	米	2.5カップ
	いなり用油揚げ	24枚
A	だし	2カップ
A	砂糖	1カップ
A	三温糖	1/4カップ
A	しょうゆ	2/5カップ
B	三温糖	大さじ5
B	みりん	大さじ2
C	米酢	1/4カップ
C	砂糖	大さじ1
C	塩	小さじ1/3

作り方

1. 米は炊く30分前にといで、ざるに上げておく。水かげんをやや控えて普通に炊く。
2. 油揚げは熱湯でゆでてざるに上げ、冷めたら湯を押ししぼる。
3. Aを合わせて煮立て、②を入れて落としぶたをして煮る。
4. 煮汁が1/3量になったらBを加えて5分煮、そのまま冷ます。
5. Cをよくまぜ合わせてすし酢を作り、ごはんが熱いうちに全体に振りかけ、さっくりと切るようにまぜて冷ます。
6. 油揚げの煮汁を軽くしぼり、⑤のすしめしを等分に分けて俵形にまとめて詰める。

詰め方のポイント

仕切りをはさんでいなりずしを詰め、ちぎったレタスを敷いてミニバーグを詰める。すき間に赤と黄色のミニトマトを彩りよく詰め、クレソンをあしらう。キャベツの五目巻きは切り口を上にして詰めると見た目も華やかに。

138、139ページのおかずの作り方

キャベツの五目巻き

材料

キャベツ……4枚

A
- ハム……50g
- 赤ピーマン……1個
- きゅうり……1本
- 薄焼き卵……卵1個分

B
- 塩、こしょう……各少々
- ごま油……少々

作り方

❶キャベツは熱湯でゆでて水けをしぼり、軸は厚みをそぎとる。

❷Aはそれぞれをせん切りにし、Bを加えてあえる。

❸キャベツ1枚ずつに等分した②をのせてしっかりと巻き、食べやすく切り分ける。

パセリ風味のミニバーグ

材料

合いびき肉……300g

A
- パセリのみじん切り……大さじ5
- 生パン粉……大さじ5
- 生クリーム……大さじ2
- 牛乳……大さじ2
- ナツメグ、塩、こしょう……各少々

サラダ油……大さじ1

作り方

❶ボウルにひき肉を入れ、Aを加えて粘りが出るまでよくまぜ、一口大の大きさに丸める。

❷フライパンにサラダ油を熱し、①をこんがりと色よく焼いて火を通す。

アイデアバーグ２種

ごまバーグ

材料と作り方

❶いつものハンバーグのたね½個分を２等分にして、それぞれ円形にまとめる。
❷いり白ごま大さじ３をバットなどに広げて①を入れ、ごまを手のひらで押しつけるようにしながら、しっかりとまぶしつける。
❸フライパンにサラダ油少々を熱し、ごまが焦げないよう弱めの火で焼き上げる。

つくねバーグ

材料と作り方

❶いつものハンバーグのたね½個分に、あさつきの小口切り大さじ１を加えてよくまぜ、２等分にして、それぞれ円形にまとめる。
❷フライパンにサラダ油小さじ½を熱し、①の両面を焼いて火を通す。砂糖としょうゆ各小さじ½、酒少々を加え、弱火にして、ときどき上下を返しながら、汁けがなくなるまで煮る。

教えて！

Q いなり用の油揚げがないときはどうしたらいいの？

A 手軽にいなりずしが作れるように、袋状になったいなり用の油揚げが売られていますが、もちろん普通の油揚げでだいじょうぶです。本来は油揚げを袋状にして作っていたのですから。自分でいなり用の油揚げを作るときは、まな板の上に油揚げをおき、菜箸をのせて３～４回転がしておくと、はがしやすくなります。半分に切ってそっと開いていくと、きれいな袋状に。あとは煮含める前に油抜きするのを忘れずに。こうすることによって油くささが抜けて味の含みがよくなります。

変わりいなりずし３種

干物＆実ざんしょう

材料と作り方

❶干物はあじやかますなど淡泊なものを用い、焼いて皮と骨をとり除く。
❷身をあらくほぐして、実ざんしょうのつくだ煮とともにすしめしにまぜ、袋状にして煮含めた油揚げに軽くにぎって詰める（子ども用には実ざんしょうを除く）。

パセリ＆ラディシュ

材料と作り方

❶パセリの葉とラディシュをみじん切りにし、すしめしにまぜる。
❷油揚げは煮含めて１枚に開き、①をのせて巻きずしの要領で巻く。ゆでた三つ葉で結び、一口大に切る。

ツナ＆きゅうり

材料と作り方

❶きゅうりは皮をむいて縦半分に切り、種を除いて刻む。油をきってほぐしたツナとともにすしめしにまぜ、小ぶりの俵形ににぎる。
❷油揚げは煮含めて１枚に開き、①をのせて包み、甘辛く煮たかんぴょうで結ぶ。

のり巻き弁当

具を彩りよくとり合わせたのり巻きは、特別の日のお弁当やおもてなしにもぴったり。
巻きずしのコツは、のりしろを残してごはんをびっしり敷き詰めること、
巻くときは一気に巻くことなど……
ここで基本をしっかり覚えておくと、家族にも自慢できます。

menu （4〜6人分）

- 太巻きずし
- 細巻きずし
- ブロッコリーの塩ゆで
- 煮豆（市販品）

すしめしの作り方

材料

米……3カップ

A
- 米酢……$\frac{1}{3}$カップ
- 砂糖……大さじ3
- 塩……小さじ1

作り方

❶米は炊く30分前にといで、ざるに上げておく。水かげんをやや控えて普通に炊く。

❷Aをよくまぜ合わせてすし酢を作り、ごはんが熱いうちに全体に振りかけ、さっくりと切るようにまぜて冷ます。

太巻きずし

材料（2本分）

すしめし……約600g
焼きのり……2枚

A
- うなぎのかば焼き……$\frac{1}{2}$尾分
- ゆでたほうれんそう……50g
- 厚焼き卵……卵3個分
- 桜でんぶ……大さじ2

作り方

❶Aのうなぎ、厚焼き卵は1cmくらいの棒状に切る。

❷巻きすにのり1枚を広げてすしめしを半量のせ、Aを半量ずつ並べて巻く。

❸巻きすの上からぬれぶきんで押さえて形を落ち着かせ、巻きすをはずす。同様にもう1本巻く。包丁をぬれぶきんでふきながら一口大に切る。

細巻きずし

材料（3本分）

すしめし……約400g
焼きのり……1.5枚
ねり梅……適量
貝割れ菜……適量
きゅうりのせん切り……適量
いり白ごま……少々
ゆでたさやいんげん……適量
かに風味かまぼこ……適量

作り方

❶具は、ねり梅と貝割れ菜、きゅうりとごま、いんげんとかに風味かまぼこの3組を用意する。

❷縦半分に切ったのり3枚を用意し、1枚ずつ巻きすにのせ、向こう側1cmを残してすしめしを$\frac{1}{3}$量ずつのせて広げ、中央を軽くくぼませる。

❸くぼみに①の1組をのせて手前から巻き、太巻きずしと同様に形を落ち着かせてから、切り分ける。同じ要領でほかの2本も作る。

ブロッコリーの塩ゆで

材料（1人分）

ブロッコリー$\frac{1}{2}$個　塩少々

作り方

ブロッコリーは小房に分けて大きいものは半分に切り、塩を加えた熱湯でかためにゆで、ざるに上げて冷ます。

詰め方のポイント

太巻きずしと細巻きずしは切り口を上にしてバランスよく並べ、ゆでブロッコリーと煮豆はカップに入れて詰める。巻きずしは幅をそろえて切ると詰めたときにきれい。

写真右上から
山ごぼうのみそ漬け
ゆでたほうれんそう
きゅうりの細切り
桜でんぶ
紅しょうが
写真左上から
厚焼き卵の細切り
かんぴょうの甘辛煮
食紅で色づけしたかんぴょう
しいたけの甘辛煮の薄切り

巻きずしにおすすめの具いろいろ

コツさえつかめば簡単！
基本の太巻きずしの作り方

1

巻きすに焼きのり１枚を広げ、約300ｇのすしめしをのせ、向こう側２㎝を残して指先で平らに広げる。

うなぎ、厚焼き卵、ほうれんそうなどをのせる。具を押さえながら手前から巻きすごとすしめしの終わりに手前ののりがつくように巻き込む。最後に巻きすの上から軽く押さえて形をととのえる。

2

お弁当じょうずの
基礎レッスン

Lesson3

ミニサイズの調理道具で手早く、おいしく

朝ごはんの準備をしながら同時進行のお弁当作りは大忙し。基本的にはふだん使っている調理器具でできますが、お弁当の場合は作るのが１人か２人分程度。少量作りに使いがってのよいミニサイズの調理道具を用意しておくと手早くできて、あと片づけもラクです。

フライパン

お弁当作りでいちばん活躍するのがフライパン。材料が少量なのでミニサイズのものを使うと調理時間が短縮されます。フッ素樹脂加工されているものは焦げつきにくいので調理しやすく、少し深めのものも用意すると、いため物だけでなく、煮物や揚げ物にも使えるのでとても便利です。特に揚げ物をするときは少量の油ですみ、加熱時間が短くてすむので光熱費の節約にもなります。

ざる

お弁当には大敵の水けをきったり、汁けをきったり、ゆでた野菜を上げて冷ましたりと、下ごしらえには欠かせない存在のざる。ミニサイズのものならキッチンを占領してしまうこともないので、いくつか用意しておくと便利です。それに大きなものにくらべて洗うのもラク。

茶こし

材料に小麦粉やかたくり粉などを薄くまぶすときに、あると便利なのが茶こし。これなら粉類も少量ですみ、しかもまんべんなくきれいにまぶすことができるので、おいしく仕上がります。お弁当だけでなく、ふだんの調理にも役立つのでさっそく使ってみてください。

蒸し器

お弁当用の蒸し物をするときは電子レンジに頼ってしまいがちですが、ミニサイズの蒸し器が１個あると便利です。冷凍ごはんのあたため直しやシューマイを蒸したり、ヘルシー仕上げの肉や魚料理にも最適。しかも冷めてもかたくならないので、お弁当の調理向きです。ふつうの蒸し器にくらべて収納スペースをとらないので手軽に出し入れでき、湯を沸かす時間も大幅に短縮されるメリットが。

4

電子レンジ&トースターにまかせてらくらく!簡単おかず

だれだって、手間をかけずに効率よくおいしいおかずを作りたいですよね。
それなら、電子レンジ、オーブントースターで手軽にできる簡単おかずがぴったり。
つきっきりでなくていいので、同時にほかのおかずが作れてお弁当作りがスムーズになります。
電子レンジを使用する場合、素材の持つ水分量や機種によって加熱時間が多少異なります。
加熱しすぎないように最初の設定時間を短めにして、様子を見ながらかげんしてください。
オーブントースターはあらかじめあたためて使用すると手早くできます。

電子レンジに まかせてらくらく！ 早ワザおかず

電子レンジが料理のあたため直し専用になっていませんか。忙しい朝こそ本領発揮！
電子レンジの得意ワザをフル活用して、早くておいしい、らくらくおかずをいっしょに作りましょう。

野菜入りミートスパ

時間のかかるミートソースも、1人分の材料をまぜてレンジで2分！

188kcal

10分

材料（1人分）
合いびき肉40ｇ　玉ねぎのみじん切り1/8個分　ミックスベジタブル（冷凍）30ｇ　A（トマトケチャップ大さじ2　塩、こしょう各少々　バター小さじ1）　ゆでたスパゲッティ適量

作り方
1. 耐熱ボウルにひき肉、玉ねぎ、ミックスベジタブル、Aを入れ、水少々を加えてまぜる。
2. ラップをかけて電子レンジで2分加熱する。とり出してまぜ、スパゲッティにかける。

★ミートソースはいためたなすにかけても。

簡単スコッチエッグ

下ごしらえいらずのゆでうずら卵をひき肉で包んでそのままレンジへ

178kcal

5分

材料（1人分）
合いびき肉50ｇ　玉ねぎのみじん切り1/8個分　とき卵1/3個分　塩、こしょう各少々　ゆでうずら卵1個　A（トマトケチャップ、ウスターソース各小さじ1）

作り方
1. ひき肉は玉ねぎ、とき卵、塩、こしょうを加えてまぜ、ラップにとってうずら卵を中に入れて包み、電子レンジで1分30秒加熱する。
2. とり出してラップをはずし、合わせたAをからめて半分に切る。

皮なしギョーザ

ごま油がおいしさの決め手！お弁当には、においない青菜がおすすめ

113kcal

5分

材料（1人分）
豚ひき肉40ｇ　ほうれんそう1/2株　ねぎのみじん切り大さじ1　塩、しょうゆ各少々　ごま油小さじ1/2　サラダ菜適量

作り方
1. ほうれんそうはゆでてこまかく刻み、ひき肉、ねぎ、塩、しょうゆを加えてまぜる。
2. 2個の俵形にし、耐熱皿にのせてごま油を塗り、ラップをかけて電子レンジで1分加熱する。冷めたらサラダ菜を敷いて詰める。

煮物もレンジなら簡単。いんげんは時間差で加えて色鮮やかに

ツナじゃが

材料（１人分）

じゃがいも小½個　ツナ（缶詰め）大さじ１　さやいんげん１本　A（砂糖小さじ１　しょうゆ大さじ½　水大さじ１）

97kcal

5分

作り方

❶じゃがいもはいちょう切りにし、水にさらして水けをきる。いんげんは小口切りにする。

❷耐熱ボウルにじゃがいも、ツナ、Aを加えてまぜ、ラップをかけて電子レンジで２分加熱する。いんげんを加えてさらに１分加熱し、余熱で火を通す。

じゃこのうまみが大根にギュッとしみ込んで美味

じゃこ大根

材料（１人分）

ちりめんじゃこ５ｇ　大根（４㎝長さ）20ｇ　みりん大さじ１　しょうゆ大さじ½

62kcal

5分

作り方

❶大根はマッチ棒くらいの大きさに切る。

❷耐熱ボウルに①、じゃこを入れ、みりん、しょうゆ、水大さじ１を加える。

❸ラップをかけて電子レンジで1分加熱する。

熱々のうちにバター、しょうゆ、削りがつおを加えて

里いものおかかバター

材料（１人分）

里いも小３個　削りがつお２ｇ　バター小さじ½　しょうゆ少々

61kcal

5分

作り方

❶里いもは皮をむき、塩（分量外）でもんでぬめりをとり、洗って耐熱ボウルに入れる。

❷ラップをかけて電子レンジで２分加熱し、やわらかくなったらバター、しょうゆ、削りがつおをかける。

★洗って皮つきのまま加熱してもOK（132ページ参照）。

お湯を沸かしたり、なべを洗う手間が省けて栄養も逃がさない

カリフラワーのふりかけまぶし

材料（１人分）

カリフラワー２～３房　好みのふりかけ小１袋　塩少々

作り方

①カリフラワーは洗い、水けをきらずに、塩を振ってラップで包み、電子レンジで１分30秒加熱し、余熱で火を通す。

②とり出してラップをはずし、あら熱がとれたらふりかけをまぶす。

31kcal

5分

相性バツグンの素材を合わせてバターでこくと風味をアップ！

じゃがいもコンビーフ

材料（１人分）

じゃがいも⅓個　コンビーフ（缶詰め）20ｇ

バター、塩、こしょう、パセリ各少々

作り方

①じゃがいもは皮をむいて薄切りにし、水にさらして水けをきる。

②耐熱ボウルに①、コンビーフ、バター、水大さじ１を入れ、塩、こしょうを振る。

③ラップをかけて電子レンジで２分加熱し、余熱で火を通す。パセリをちぎって散らす。

85kcal

5分

白菜のうまみをぐっと引き立てる、やさしい味に仕上げて

白菜とソーセージのミルク煮

材料（１人分）

白菜½枚　ソーセージ２切れ　牛乳大さじ１　ごま油小さじ½　塩、こしょう各少々

作り方

①白菜は縦半分にして横１cm幅に切る。

②耐熱ボウルに白菜、水大さじ１を入れて塩、こしょうを振り、ごま油、牛乳をかけてソーセージを入れる。

③ラップをかけて電子レンジで１分30秒加熱する。

74kcal

5分

ふわふわのいり卵もレンジならじょうずにできる

チーズ入りいり卵

材料（１人分）

卵１個　プロセスチーズ（１㎝厚さ）１切れ
牛乳大さじ１

作り方

155kcal

5分

①チーズは１㎝角に切る。
②耐熱ボウルに卵を割りほぐし、牛乳、チーズを加える。
③ラップをかけて電子レンジで１分加熱し、とり出して、ふわふわになるように大きくまぜる。

カップで作って、加熱後冷ましてそのままお弁当箱に

ミニトマトとピーマンのココット

材料（１人分）

卵小１個　ミニトマト２個　ピーマン¼個
塩、こしょう各少々

作り方

71kcal

5分

①ミニトマトは四つ割りにし、ピーマンは５～６㎜角に切る。
②耐熱ボウルにレンジ対応のカップを重ね、①を入れて卵を割り入れ、塩、こしょうを振る。卵黄に竹ぐしで穴をあけて破裂を防ぐ。
③ラップをかけて電子レンジで50秒～１分加熱する。

1人分のマカロニなら、レンジでゆでてあえるだけの手軽さ

マカロニサラダ

材料（１人分）

マカロニ10ｇ　ゆで卵½個　マヨネーズ大さじ１　あればサラダ菜適量

作り方

162kcal

10分

①マカロニは耐熱ボウルに入れ、塩少々（分量外）と水１カップを加え、ラップをかけて電子レンジで５分加熱し、やわらかくなったらざるに上げる。
②ゆで卵はあらみじんに切る。
③マカロニ、ゆで卵をマヨネーズであえる。あればサラダ菜を敷いて詰める。

甘さにほどよい酸味をきかせて、ホクホクのおいしさに

さつまいものレモン煮

材料（1人分）

さつまいも40ｇ　砂糖大さじ1　レモンの薄い輪切り1枚

作り方

❶さつまいもは5㎜厚さの半月切りにして水にさらし、水けをきって耐熱ボウルに入れ、水大さじ3、砂糖、レモンを加える。

❷ラップをかけて電子レンジで3分加熱し、余熱でやわらかくする。

87kcal

5分

お弁当に季節の香りを添えて。にんじんで代用してもOK

そら豆のグラッセ

材料（1人分）

そら豆6個　バター小さじ½　砂糖小さじ1　塩少々

作り方

❶そら豆はさっとゆでる。耐熱ボウルにそら豆を入れ、水大さじ1、バター、砂糖、塩を加える。

❷ラップをかけて電子レンジで30秒加熱し、余熱で味を含ませる。

❸そら豆の皮をむく。

59kcal

5分

シナモンの甘い香りとかすかな辛みが食欲を刺激する

シナモンポテト

材料（1人分）

じゃがいも小½個　バター小さじ½　シナモンパウダー少々

作り方

❶じゃがいもは皮つきのままよく洗い、ラップにのせて、十文字に切り目を入れてバターをのせ、シナモンを振る。

❷ラップで包み、電子レンジで2分加熱する。

★加熱後、好みでさらにバターをのせてもおいしい。

53kcal

5分

電子レンジにまかせてらくらく！ 自家製ふりかけ

お弁当のふたをあけたときに毎日ごはんにふりかけがかかっていたらうれしいもの。そこでレンジで簡単にできる自家製ふりかけをご紹介。彩りやうまみを添えるだけでなく、おかずでは足りない栄養の補充にもなります。

えび卵ふりかけ

手作りならではの自然の色合いと香ばしい香りが魅力

5分

材料(作りやすい分量)

さくらえび30g　ゆで卵の黄身１個分　塩少少

作り方

1. さくらえびはこまかく刻んで耐熱皿にのせ、ラップをかけずに電子レンジで30秒加熱する。
2. 黄身は裏ごししてパラパラにし、耐熱皿に広げてラップをかけずに電子レンジで１分加熱する。
3. とり出して乾かし、冷めたら①とまぜて塩を振る。

じゃこナッツふりかけ

歯ざわりも楽しく、カルシウム不足もこれでOK

5分

材料(作りやすい分量)

ちりめんじゃこ20ｇ　ピーナッツ大さじ１

作り方

1. じゃこはペーパータオルの上に広げ、水分をとばすためにラップをかけずに電子レンジで１分加熱する。
2. ピーナッツは散らばらないようにペーパータオルの上でこまかく刻み、あら熱のとれたじゃことまぜる。

ベーコンふりかけ

うまみたっぷりのベーコンと栄養価の高いパセリで

5分

材料(作りやすい分量)

ベーコン２枚　パセリ２枝

作り方

1. パセリはみじん切りにしてペーパータオルに包んで水けをしぼる。新しいペーパータオルに広げ、ラップをかけずに電子レンジで２分加熱する。
2. ベーコンは刻んでペーパータオルに包み、電子レンジで１分加熱する。
3. 冷めたらベーコンをほぐし、パセリとまぜ合わせる。

オーブントースターに まかせてらくらく！ 手間なしおかず

下ごしらえをして、あとはまかせて焼くだけのオーブントースター料理をお弁当のメニューに1品組み込めば、その間にほかのおかずがらくらく作れます。じょうずに活用して賢いお弁当作りを。

ひき肉のピーマンカップ

ピーマンを横半分に切るとお弁当箱に詰めやすく、見た目もかわいらしい

70kcal

10分

材料（１人分）

ひき肉20ｇ　ピーマン½個（横半分）　A（玉ねぎのみじん切り大さじ１　トマトケチャップ小さじ２）　トマトケチャップ小さじ１

作り方

❶ひき肉はAを加えてまぜる。

❷ピーマンは種をとり、アルミカップにのせて①を詰める。

❸オーブントースターで７分焼き、仕上げにケチャップを塗る。

★鶏ひき肉、豚ひき肉、合いびき肉など好みのものでOK。

簡単のし鶏

厚みが出ないように平らにして焼くと、均一に早く火が通る

93kcal

10分

材料（１人分）

鶏ひき肉30ｇ　とき卵⅓個分　砂糖、しょうゆ各小さじ１　青のり、あればサラダ菜各適量

作り方

❶ひき肉にとき卵、砂糖、しょうゆを加えてよくまぜ、アルミカップに入れて青のりをのせる。

❷オーブントースターで７～８分、こんがりと色よく焼いて中まで火を通し、冷めたら食べやすく切る。あればサラダ菜を敷いて彩りよく詰める。

豚肉のりんご巻き焼き

火が通りやすい薄切り肉で巻いて、バターをのせる

110kcal

10分

材料（１人分）

豚薄切り肉１枚　りんごのくし形切り２切れ　バター小さじ１　塩、こしょう各少々

作り方

❶豚肉は長さを半分に切って塩、こしょうを振り、りんごをしんにして巻く。

❷クッキングシートを敷いた受け皿に①をのせ、バターをのせてオーブントースターで７～８分焼く。

そぎ切りにすると火が通りやすいので、忙しい朝でもOK

鶏肉のピザ風

138kcal
10分

材料（１人分）

鶏胸肉40ｇ　スライスチーズ１枚　ミニトマト２個　塩、こしょう、パセリのみじん切り各少々

作り方

❶鶏肉はそぎ切りにし、塩、こしょうを振ってアルミカップに入れる。ちぎったチーズ、半分に切ったミニトマトをのせる。

❷オーブントースターで７～８分焼いて中まで火を通し、パセリを散らす。

★ピザ用チーズでもＯＫ。

焦がさずにおいしく仕上げるコツは鶏肉をまず下焼きして

鶏肉のクラッカー焼き

119kcal
10分

材料（１人分）

鶏胸肉40ｇ　クラッカー２枚　塩、こしょう各少々

作り方

❶鶏肉は塩、こしょうを振ってアルミカップに入れ、オーブントースターで５～６分下焼きする。

❷クラッカーはこまかく砕き、①にのせてさらに１～２分焼き、きれいな焼き色をつける。

★クラッカーのかわりに、パセリのみじん切りや粉チーズをまぜたパン粉をのせても。

抗菌効果のあるたれをしっかりからめてうまみを閉じ込める

鶏ささ身のタンドリーチキン風

52kcal
10分

材料（１人分）

鶏ささ身½本　塩、こしょう各少々　カレー粉小さじ½　トマトケチャップ、ヨーグルト各大さじ１

作り方

❶ささ身は筋をとり除いて、塩、こしょうを振る。カレー粉とケチャップをまぶして、ヨーグルトも加えてまぜ、２～３分つける。

❷クッキングシートを敷いた受け皿に①をのせて、オーブントースターで５～６分焼く。冷めたら食べやすく切る。

さっぱり塩味でサクッ！ これなら揚げるより簡単でおいしい

鮭のパセリパン粉焼き

材料（1人分）

生鮭½切れ　A（パン粉、パセリのみじん切り各大さじ1）　バター小さじ1　塩、こしょう、パセリ各少々

作り方

❶鮭は骨を抜いて塩、こしょうを振り、クッキングシートを敷いた受け皿にのせ、Aをまぜてかける。

❷①にバターをのせてオーブントースターで7～8分焼く。焦げそうなら途中アルミホイルをかけて中まで火を通す。パセリを添える。

95kcal

10分

なめらかな卵黄を塗って淡泊な白身魚にこくをプラス

白身魚の黄身焼き

材料（1人分）

白身魚½切れ　卵黄1個分　塩、こしょう各少々　パセリのみじん切り少々

作り方

❶白身魚はアルミカップに入れて塩、こしょうを振り、オーブントースターで5分焼く。

❷卵黄はほぐしてハケで①の表面に塗って、焦げないようにさらに1分くらい焼いて焼き色をつけ、仕上げにパセリを振る。

92kcal

10分

彩りも栄養のバランスもよい素材をとり合わせて

ミニブロシェット

材料（1人分）

えび（殻つき）1尾　ブロッコリー1房　ゆでうずら卵1個　塩、こしょう各少々

作り方

❶えびは尾と、尾のつけ根の1節を残して腹側から殻をむき、背わたをとる。

❷ブロッコリーはさっとゆでて水けをきる。竹ぐしにえび、ブロッコリー、うずら卵の順に刺して塩、こしょうする。

❸クッキングシートを敷いた受け皿に②をのせ、オーブントースターで7～8分焼く。

42kcal

10分

シンプルで簡単なのに、素材のおいしさを120%引き出すテク

ミニトマトのさっと焼き

材料（１人分）

ミニトマト３個　バター小さじ½

作り方

❶ミニトマトはへたをとり、さっと洗ってアルミカップに入れ、バターをのせる。

❷オーブントースターで５～６分焼く。

★ミニトマトは切らずにそのまま焼けるので水けが出る心配もなく、お弁当にはぴったりの素材。焼くといっそう甘みが増しておいしくなるので、すき間おかずに困ったらぜひお試しを。生とは違う味わいが楽しめる。

28kcal

10分

かたいかぼちゃもレンジで少し加熱してから切ると切りやすい

かぼちゃのチーズ焼き

材料（１人分）

かぼちゃ30ｇ　粉チーズ小さじ１　塩、こしょう各少々

作り方

❶かぼちゃは種とわたをとり、ラップに包んで電子レンジで１分加熱して、やわらかくなったら食べやすく切る。

❷かぼちゃをアルミカップに入れて塩、こしょう、粉チーズを振り、オーブントースターで５～６分焼く。

★じゃがいもで代用してもＯＫ。

35kcal

10分

切らずに使える材料で手間を省いたスピードおかず

じゃがいものカレー焼き

材料（１人分）

皮つきポテト（冷凍）２～３個　カレー（作りおき）大さじ１　粉チーズ少々

作り方

❶ポテトは凍ったままアルミカップに入れ、カレーをかける。

❷①に粉チーズを振り、オーブントースターでポテトがカリッとするまで７～８分焼く。

★カレーを作ったときに、翌日のお弁当用として、少しとり分けておくと便利。好みでシチューやミートソースをかけても。

74kcal

10分

ラップでキュッとしぼるだけなのに味も見ばえもバッチリ！

さつまいもの茶巾

材料（１人分）

さつまいも20ｇ　卵黄少々　砂糖小さじ１　塩少々

作り方

❶さつまいもは皮をむいてさいの目に切り、小なべに入れて、ひたひたの水を加え、砂糖、塩で調味して、やわらかく煮る。

❷さつまいもの汁けをきって、熱いうちにラップに包み、しぼって茶巾にする。ラップをとってアルミカップに入れ、卵黄を塗ってオーブントースターで５分焼く。

51kcal

15分

ふわふわの食感がたまらない、はんぺんの洋風おかずはいかが

はんぺんのチーズ焼き

材料（１人分）

はんぺん½枚　スライスチーズ１枚　ウインナソーセージ１本　ピーマンの薄い輪切り２枚

作り方

❶はんぺんは花型で抜き、ソーセージは小口切りにする。

❷アルミカップにはんぺんを入れ、ピーマン、ソーセージ、チーズをのせてオーブントースターで５～６分焼く。

155kcal

10分

外は香ばしく焼き上げて、中はとろーりなめらかな口当たりに

豆腐のカップ卵焼き

材料（１人分）

豆腐⅛丁　とき卵½個分　グリンピース（缶詰め）少々　Ａ（砂糖小さじ１　塩少々）

作り方

❶とき卵はＡを加えて調味する。

❷豆腐はさいの目切りにしてアルミカップに入れ、①を注ぎ入れる。

❸②にグリンピースを加えてオーブントースターで７～８分、こんがりと焼き色がつくまで焼く。

★ミックスベジタブルを入れてもOK。

81kcal

10分

マヨネーズをのせて焼くだけで、ワンランクアップの一品に

ゆで卵のマヨネーズ焼き

68kcal

15分

材料（１人分）

ゆで卵の花形切り½個　マヨネーズ小さじ１

作り方

1. ゆで卵はアルミカップに入れてマヨネーズをしぼる。
2. オーブントースターで４～５分、こんがりと焼き色がつくまで焼く。

★花形切りは、ゆで卵の中心に向かって包丁の刃先を斜めに深く入れ、山形になるように角度を変えながら一回り切って半分に離す。

同じテクでもゆで卵とはひと味違うおいしさに

かまぼこのマヨネーズ焼き

51kcal

5分

材料（１人分）

かまぼこ（８㎜厚さ）１枚　マヨネーズ小さじ１

作り方

1. かまぼこはアルミカップに入れ、マヨネーズをしぼる。
2. オーブントースターで４～５分、表面にこんがりと焼き色がつくまで焼く。

★小さいちくわを短冊に切って、同様に焼いてもよい。

ホワイトソースを作らなくてもOKの簡単、手間なしグラタン

ミニマカロニグラタン

142kcal

10分

材料（１人分）

マカロニ10ｇ　ハム、スライスチーズ各½枚　バター小さじ１　牛乳大さじ２

作り方

1. マカロニはやわらかくゆで、バターをからめてアルミカップに入れ、牛乳をかけ、半分に切ったハムと、チーズを重ねてのせる。
2. オーブントースターで７～８分焼く。

お弁当じょうずの
基礎レッスン

Lesson4

傷みにくい お弁当にするための 工夫

お弁当は作って５～６時間たってから食べるので傷まないか心配。そこで、傷みにくいお弁当にする工夫が必要になってきます。まず、調理道具やお弁当箱は清潔にが基本。調理、味つけ、詰め方などちょっとした工夫や心配りで安心して食べられるおいしいお弁当に。

しっかり加熱して、味つけは濃いめに

殺菌効果の意味で、加熱するときには表面だけでなく中までしっかり火を通すのが基本です。特に揚げ物は高い温度で調理するのでお弁当のおかずには最適。また、前日の残り物や常備菜も、お弁当箱に詰める前に必ず火を通して、冷ましてから詰めましょう。おかずは冷めてしまうと味つけが薄めに感じます。いつもより気持ち濃いめにするとおいしく味わえるだけでなく、傷みにくいのです。

余分な汁けや水けの対処法

余分な汁けはお弁当の傷みのもと。傷みやすくなるのを防ぐために煮物などは煮汁を完全に煮からめます。また、野菜料理は調理後しばらくするとどうしても水けが出てくるので、ざるに上げてしっかり汁けをきります。青菜のおひたしなど汁けが出やすいものは、削りがつお、とろろ昆布、すりごま、のりなどを仕上げにまぶすと、余分な水分を吸収してくれるので「汁け対策」には効果的です。さらにおいしさもアップするので一石二鳥。

抗菌効果のある調味料を活用

酢の酢酸、梅干しのクエン酸には防腐・抗菌作用があります。ごはんが傷まないようにすしめしにしたり、梅干しは小さく刻んでまぜるとクエン酸が全体に回ってさらに効果アップ。しょうが、わさび、マスタード、カレー粉などの辛み成分にも同様の効果があるので利用価値大。下味などでじょうずに使って全体にからめるようにすれば、お弁当が傷みにくく、味にも変化がつきます。

冷ましてから詰める

ごはんやおかずをお弁当箱に詰めるのは必ず冷ましてから。あたたかいうちにふたをすると湯げがこもって蒸れてしまいます。また、あたたかいものと冷たいものをいっしょに入れると傷みやすくなるので、ごはんやおかずの温度をほぼ同じにして詰めます。皿やバットなどに薄く広げておくと早く冷めます。段取りよく、冷めにくいものから先に調理するように心がけるとよいでしょう。

5

組み合わせ自由自在！おかずカタログ61品

あしたのお弁当何にしようかな？と悩んで、結局ワンパターンになってしまうことはありませんか。
これは、そんなお悩みを解消するための、お役立ちおかずカタログです。
まずは、おすすめメニューのお弁当を。次の日は肉・魚・卵の主菜を1品選んで、
別のページの副菜を組み合わせると違うお弁当のメニューに。楽しさもおいしさも無限に広がります。
便利なカード式なので、お買い物するときの携帯用には
コピーをとってノドの部分をホチキスで止めてから、点線に沿って切ってお使いください。

そのままでも食べられるちくわを巻いて焼くだけなので、超簡単！

豚肉のちくわ巻き

主菜

材料（１人分）

豚もも薄切り肉２枚　ちくわ１本　塩、こしょう、小麦粉各少々　サラダ油小さじ１

作り方

❶豚肉は広げて塩、こしょうを振り、長さを半分に切ったちくわをのせて巻く。

❷①に小麦粉を薄くまぶす。

❸フライパンにサラダ油を熱して②の巻き終わりを下にして並べ、弱めの中火で転がしながら３～４分焼く。冷めたら食べやすく切る。

ピリ辛焼きピーマン

副菜

材料（１人分）

ピーマン１個　A（しょうゆ小さじ１　みりん小さじ½）　七味とうがらし少々

作り方

❶ピーマンは縦半分に切って種とへたを除き、グリルで５分焼く。

❷ピーマンは食べやすいようにさらに縦半分に切り、Aをからめて七味とうがらしを振る。

にんじんの黒ごまあえ

副菜

材料（１人分）

にんじん80ｇ　A（すり黒ごま大さじ1.5　しょうゆ小さじ½）

作り方

❶にんじんは皮をむいて１㎝厚さのいちょう切りにし、やわらかくゆでてざるに上げる。

❷Aでにんじんをあえる。

まろやかでこくのあるマヨネーズに七味をピリリときかせて

豚肉のマヨ焼き

材料（１人分）

豚ヒレかたまり肉80ｇ　小麦粉少々　A（マヨネーズ小さじ２　塩、こしょう各少々）　七味とうがらし少々　サラダ油大さじ½

作り方

❶豚肉は１㎝厚さの一口大に切って、小麦粉を薄くまぶす。

❷フライパンにサラダ油を熱し、中火で豚肉にこんがりと焼き色がつくまで２～３分焼く。Aで調味し、七味とうがらしを振る。

ターサイの中華あえ さっぱり塩味

材料（１人分）

ターサイ（ほかの青菜でも）50ｇ　A（鶏ガラスープのもと、あらびきこしょう各少々　塩、ごま油各小さじ¼）

作り方

❶ターサイは長さを３等分して、塩少々（分量外）を加えた熱湯でさっとゆでて水にとり、水けをよくしぼる。

❷Aを合わせて①をあえる。

副菜

れんこんのウスターソースいため

材料（１人分）

れんこん50ｇ　小麦粉少々　A（ウスターソース小さじ２　水小さじ１）　サラダ油大さじ½

作り方

❶れんこんは皮をむいて１㎝厚さの半月切りにし、酢少々（分量外）を加えた水に１分さらして水けをふく。

❷①に小麦粉を薄くまぶし、サラダ油でこんがりと焼き色がつくまでいため、Aを加えて全体にからめる。

副菜

主菜

豚肉のケチャップしょうゆ煮

しょうゆで味を引き締めた
ケチャップ味なら、子どもにも人気

材料（１人分）

豚肩ロース肉（とんカツ用）½枚　まいたけ20ｇ　玉ねぎ小⅛個　A（トマトケチャップ大さじ１　しょうゆ大さじ½　水⅔カップ　固形スープ¼個）　水どきかたくり粉少々

作り方

❶豚肉の両面に斜めに浅く切り目を入れ、２㎝幅に切る。玉ねぎは薄切りにし、まいたけは食べやすく裂く。
❷豚肉は熱湯でさっと下ゆでし、玉ねぎとともにAで煮る。煮立ったら中火にして３～４分煮る。
❸まいたけを加えて汁けがほとんどなくなるまで煮る。最後に水どきかたくり粉を回し入れて薄いとろみをつける。

しらたきの青のり風味あえ

副菜

材料（１人分）

しらたき50ｇ　A（ごま油小さじ¼　塩少々　青のり適量）　好みで青のり少々

作り方

❶しらたきは食べやすい長さに切る。かぶるくらいの水を注いでゆで、水けをよくきる。
❷Aでしらたきをあえ、好みでさらに青のりを振る。

ブロッコリーの甘辛いため

副菜

材料（１人分）

ブロッコリー30ｇ　A（みりん小さじ１　しょうゆ小さじ½）　サラダ油小さじ１

作り方

❶ブロッコリーは小房に分け、大きいものは二つ～三つに切る。
❷フライパンにサラダ油を熱し、ブロッコリーをさっといためて水大さじ１を加え、水けがなくなるまでいためてAで調味する。

主菜

そぎ切りにすると早く火が通りやすい

鶏肉のしょうが焼き

材料（1人分）

鶏もも肉½枚　A（おろししょうが、酒、しょうゆ各小さじ1）　サラダ油小さじ1

作り方

❶鶏肉は一口大のそぎ切りにする。

❷Aを合わせて鶏肉にからめ、10分ほどおく。

❸フライパンにサラダ油を熱して鶏肉を並べ、途中上下を返して汁けがなくなるまで中火で3分ほど焼く。

しいたけと昆布の煮物

材料（1人分）

干ししいたけ2個　昆布10ｇ　A（砂糖大さじ1　だし¼カップ　しょうゆ小さじ1）

作り方

❶しいたけはぬるま湯¼カップでもどし、軸を切り落として薄切りにする。もどし汁はこしてAに加えてまぜる。昆布は2㎝角に切る。

❷なべに①を入れて、中火で汁けがなくなるまで煮詰める。

副菜

セロリとにんじんの即席漬け

材料（1人分）

セロリ¼本　にんじん4㎝　昆布茶大さじ½

作り方

❶セロリは斜め薄切りにし、にんじんは皮をむいて薄い半月切りにする。

❷①を合わせて昆布茶をまぜ、10分おいて汁けをきる。

副菜

下味をしっかりつけて、少ない油でからりと揚げるだけなので簡単

チキンカツ

材料（１人分）

鶏胸肉½枚　A（みりん、しょうゆ各大さじ½）　B（とき卵½個分　小麦粉大さじ１　パン粉適量）　サラダ油大さじ３

作り方

❶鶏肉は二つ〜三つのそぎ切りにし、Aの下味をからめて10分ほどおく。

❷鶏肉の汁けをペーパータオルでふいて、Bの衣を順につける。

❸サラダ油を熱したフライパンに②を入れ、弱めの中火で途中上下を返して２〜３分いため揚げにする。冷めたら食べやすく切る。

野沢菜のごま風味いため

副菜

材料（１人分）

野沢菜漬け20ｇ　すり白ごま大さじ½　ごま油小さじ½

作り方

❶野沢菜漬けは小口切りにし、汁けをしぼる。

❷フライパンにごま油を熱して野沢菜漬けをいため、ごまを加えてまぜる。

ひじきのマヨあえ

材料（１人分）

ひじき５ｇ　A（マヨネーズ大さじ１　塩、こしょう各少々）　パセリのみじん切り小さじ１

作り方

❶ひじきは水でもどし、水を３〜４回かえてから、１〜２分ゆでて水けをよくきる。

❷ひじきをAであえて、パセリを散らす。

副菜

たれをこっくりとからめて焼くと、冷めてもおいしい

鶏肉の照り焼き

主菜

材料（１人分）

鶏もも肉½枚　A（酒大さじ１　砂糖小さじ２　しょうゆ大さじ⅔）　サラダ油小さじ１

作り方

❶フライパンにサラダ油を熱して鶏肉の皮目から焼き、途中上下を返して中火で３～４分焼いてAで調味する。

❷汁けがほとんどなくなるまで照りよくからめて焼く。冷めたら食べやすく切る。

小松菜のおひたし

材料（１人分）

小松菜50ｇ　A（だし大さじ１　しょうゆ小さじ１）　削りがつお少々

作り方

❶小松菜は塩少々（分量外）を加えた熱湯でゆでて水にとり、２㎝長さに切って水けをよくしぼる。

❷小松菜にAをからめ、汁けをきって削りがつおを振る。

副菜

きゅうりのみそあえ

副菜

材料（１人分）

きゅうり½本　A（みそ小さじ１　みりん小さじ¼）

作り方

❶きゅうりはめん棒などで軽くたたいてひびを入れ、３～４㎝長さの棒状に切る。

❷Aを合わせて、きゅうりをあえる。

主菜

はちみつを使えば短時間でこくのあるおいしさに

鶏ささ身のベーコン巻き はちみつしょうゆ味

材料（２人分）

鶏ささ身２本　ベーコン1.5枚　塩、こしょう各少々　A（はちみつ、しょうゆ各小さじ１）　サラダ油小さじ１

作り方

❶ささ身は筋を除き、３等分のそぎ切りにして塩、こしょうを振る。ベーコン１枚は縦横半分に切る。残り½枚は縦半分に切る。

❷ささ身をベーコンで巻き、巻き終わりをようじで止める。

❸フライパンにサラダ油を熱して②を入れ、途中上下を返して２～３分焼く。中まで火が通ったら、Aを加えて汁けがなくなるまで照りよくからめる。

ごま塩ゆで卵

副菜

材料（１人分）

卵１個　塩、いり黒ごま各少々

作り方

❶卵はかぶるくらいの水に入れ、酢少々（分量外）を加えて火にかけ、煮立ったら弱火にして約11分ゆでて水にとり、殻をむく。

❷ゆで卵を半分に切って塩、ごまを振る。

ブロッコリーのイタリアンソテー

材料（１人分）

ブロッコリー30ｇ　塩、粉チーズ各少々　オリーブ油小さじ１

作り方

❶ブロッコリーは小房に分け、大きいものは半分に切って、塩少々（分量外）を加えた熱湯でゆで、ざるに上げる。

❷フライパンにオリーブ油を熱し、ブロッコリーをいためて塩で調味し、粉チーズを振る。

副菜

主菜

甘さを控えたバター風味たっぷりの新鮮肉じゃが

バター風味の肉じゃが

材料（１人分）

牛切り落とし肉80ｇ　じゃがいも１個　玉ねぎ小½個　A（だし⅔カップ　しょうゆ大さじ½）　バター10ｇ　七味とうがらし少々

作り方

❶じゃがいもは皮をむいて1.5㎝角に切り、水に１分さらす。玉ねぎはしんを除いて２～３枚ずつはがし、１㎝幅に切る。

❷牛肉をバターで軽くいため、①、Aを加える。煮立ったら中火にして落としぶたをし、約５分煮る。仕上げに七味とうがらしを振る。

ほうれんそうのごまみそあえ

材料（１人分）

ほうれんそう100ｇ　A（すり白ごま大さじ２　みそ小さじ１　砂糖大さじ½）

作り方

❶ほうれんそうは塩少々（分量外）を加えた熱湯でゆでて水にとり、２㎝長さに切って水けをよくしぼる。

❷Aを合わせて、ほうれんそうをあえる。

副菜

たくあんのとろろ昆布あえ

材料（１人分）

たくあん３㎝　みりん小さじ½　とろろ昆布少々

作り方

❶たくあんは棒状に切る。

❷たくあんにみりんをからめて、ちぎったとろろ昆布を全体にからめる。

副菜

野菜をプラスしてボリュームアップ！ 甘辛味がお弁当向き

牛肉とかぼちゃのいため煮

主菜

材料（1人分）

牛もも薄切り肉100ｇ　かぼちゃ60ｇ　ねぎ6㎝　砂糖大さじ1.5　Ａ（酒大さじ２　しょうゆ小さじ２）　サラダ油大さじ½

作り方

❶かぼちゃは種とわたをとって薄切り、ねぎは斜め薄切りにする。牛肉は一口大に切る。

❷フライパンにサラダ油を熱し、中火で牛肉を軽くいためて砂糖をからめ、ほぼ火を通す。

❸かぼちゃ、ねぎの順に加えてＡで調味し、いため煮にする。

お弁当じょうずのお助け素材

つくだ煮、煮豆

ちょっとしたすき間にさっと詰められる甘辛味のつくだ煮や煮豆を常備しておくと便利です。自分で作るには手間や時間がかかるので、少量使いのお弁当には市販品を利用するとよいでしょう。貝や小魚のつくだ煮は不足しがちなカルシウムの補給にもなります。煮豆は分量も調節できて味のアクセントになる、すき間おかずの優等生です。小さな子どものお弁当に詰めるときは、ピックに刺して食べやすくしてあげましょう。

かぶの梅肉のりあえ

副菜

材料（1人分）

かぶ１個　かぶの葉少々　梅干し½個　みりん小さじ１　もみのり少々

作り方

❶かぶは皮をむいて薄い半月切り、葉は小口切りにして、水１カップに対して塩小さじ１の塩水（分量外）に10分つけてもみ、水けをよくしぼる。

❷梅干しは種を除き、包丁でこまかくたたいてみりん、もみのりをまぜ、①をあえる。

主菜

香味野菜をたっぷりきかせたつくねを焼いてたれをからめる

豚つくね

材料（1人分）

豚ひき肉80ｇ　A（ねぎのみじん切り大さじ1　しょうがのみじん切り小さじ½　塩小さじ¼　こしょう少々　ごま油小さじ½）　B（みりん、しょうゆ各小さじ1）　サラダ油小さじ1

作り方

❶ひき肉、Aを合わせてよくねりまぜ、4等分して小判形にととのえる。

❷フライパンにサラダ油を熱して①を並べ、途中上下を返して2～3分焼き、Bを加えて全体に味をからめる。

春菊と大豆のごまみそあえ

副菜

材料（1人分）

春菊50ｇ　大豆の水煮（缶詰め）30ｇ　A（すり白ごま大さじ1　みそ小さじ⅔　みりん小さじ½）

作り方

❶春菊は塩少々（分量外）を加えた熱湯でゆでて水にとり、2㎝長さに切って水けをよくしぼる。

❷大豆は缶汁をきって、春菊とともにAであえる。

大根のレンジレモン

副菜

材料（1人分）

大根80ｇ　レモンの輪切り2枚　A（砂糖小さじ½　塩小さじ¼）

作り方

❶大根は皮をむいて上下に斜め格子の切り目を入れて、一口大の放射状に切る。

❷レモンは皮をむいていちょう切りにする。

❸耐熱ボウルに大根、レモン、Aを入れてまぜ、ラップをふんわりかけて電子レンジで1分加熱する。

ふっくらとしたつくねと、れんこんの歯ざわりが絶妙

鶏つくねとれんこんの煮物

主菜

材料（１人分）

鶏ひき肉100ｇ　れんこん30ｇ　Ａ（万能ねぎの小口切り１本分　塩少々　ごま油小さじ½）　Ｂ（だし⅔カップ　みりん、しょうゆ各大さじ１）

作り方

❶ひき肉にＡを加えてまぜる。

❷れんこんは乱切りにして水にさらし、水けをきる。

❸Ｂを煮立てて①のたねをスプーンですくい入れ、れんこんも加えて４〜５分煮る。

里いものおかかじょうゆあえ

副菜

材料（１人分）

里いも小３〜４個（180ｇ）　Ａ（しょうゆ小さじ½　削りがつお、いり白ごま各少々）

作り方

❶里いもは洗って耐熱ボウルに入れ、ラップをかけて電子レンジで３分加熱し、上下を返してさらに３分加熱する。

❷皮をむいてざっとつぶし、Ａであえる。

かぶの辛み漬け

副菜

材料（１人分）

かぶ１個　かぶの葉少々　Ａ（一味とうがらし、塩各少々）

作り方

❶かぶは茎を少し残して皮をむき、縦半分に切って切り込みを２〜３本入れながら一口大に切る。葉はこまかく切る。

❷水⅔カップに対して塩小さじ１の塩水（分量外）に①を10分つけてもみ、水けをよくしぼってＡをまぜる。

主菜

しっかり味がついている牛そぼろをまぜたボリューム卵焼き

牛そぼろ入り卵焼き

材料(作りやすい分量)

卵3個　40ページの牛そぼろの½量　サラダ油小さじ1

作り方

❶卵は割りほぐし、牛そぼろを加えてまぜる。

❷卵焼き器を中火で熱してサラダ油を薄く引き、①の卵液を3～4回に分けて流し入れる。

❸菜箸の先で小さくまぜながら表面が乾きそうになったら手前に巻き込み、これを繰り返す。冷めたら食べやすく切り、適量詰める。

小松菜と油揚げのさっと煮

材料(1人分)

小松菜50ｇ　油揚げ¼枚　A(だし¼カップ　しょうゆ、みりん各小さじ1)

作り方

❶小松菜は2㎝長さに切る。油揚げは1.5㎝角に切り、熱湯をかけて油抜きする。

❷Aを煮立てて①を加え、小松菜がしんなりしたら火を止める。

副菜

お弁当じょうずのお助け素材 ふりかけ

お弁当に彩りやうまみを添えてくれる、市販のふりかけを買いおきしておくと、ごはんにかけたり、まぜておにぎりにしたり、白いごはんでは彩りがちょっと寂しいときにも大活躍。小袋入りのものや生風味のものは別に添えて持っていき、食べるときにかけたりしてもよいでしょう。商品によって塩分が異なるので量は好みでかげんを。時間の余裕があるときに、栄養満点のじゃこやさくらえびなど、レンジでできる自家製ふりかけを作っておくと便利です(151ページ参照)。

お弁当のイチ押し人気おかずといえばコレ！

ミニハンバーグ

主菜

材料（１人分）

ハンバーグだね（42ページのピーマンの肉詰めの肉だねと同量）　玉ねぎ小⅛個　Ａ（トマトケチャップ大さじ１　しょうゆ小さじ１）　サラダ油小さじ１

作り方

❶たねは42ページの肉だねと同様に作り、２等分して円形にととのえる。

❷ソース用の玉ねぎは薄切りにする。

❸フライパンにサラダ油を熱して①を並べ、途中上下を返して２～３分焼き、とり出す。②の玉ねぎをいためて、しんなりしたらＡで調味し、ハンバーグにかける。

じゃがいものパプリカあえ

副菜

材料（１人分）

じゃがいも１個　バター大さじ１　塩、パプリカ各少々

作り方

❶じゃがいもは皮をむいて一口大に切り、水に１分さらす。水からゆでてやわらかくなったら湯をきってなべを揺すり、粉ふきにする。

❷①にとかしたバターをからめ、塩、パプリカを振り入れてあえる。

にんじんのレンジピクルス

副菜

材料（１人分）

にんじん50ｇ　Ａ（塩小さじ½　砂糖大さじ½　レモン汁½個分　ローリエ½枚　黒粒こしょう少々　水½カップ）

作り方

❶にんじんは皮をむいて薄い輪切りにする。

❷耐熱ボウルに①、Ａを入れ、ラップをかけずに電子レンジで１分加熱し、ボウルに入れたまま冷ます。

主菜

卵の衣をつけて焼くピカタにすれば、
魚嫌いの子どもでもペロリ！

鮭のピカタ

材料（１人分）
甘塩鮭１切れ　小麦粉少々　とき卵½個分
バター10ｇ

作り方
❶鮭は一口大のそぎ切りにする。
❷鮭に小麦粉を薄くまぶし、とき卵にくぐらせて、バターをとかしたフライパンに並べ、弱めの中火で両面をこんがりと焼いて鮭に火を通す。

グリンピースのいり卵

材料（１人分）
グリンピース（冷凍）大さじ２　卵１個　塩、こしょう各少々　バター10ｇ

作り方
❶フライパンにバターをとかし、グリンピースを凍ったままいためて、塩、こしょうで調味する。
❷といた卵を回し入れ、菜箸で大きくまぜて火を通す。

副菜

にんじんの和風サラダ

副菜

材料（１人分）
にんじん100ｇ　Ａ（塩小さじ⅓　砂糖大さじ１　しょうゆ小さじ１　酢大さじ２）　パセリ（ドライ）少々

作り方
❶にんじんは皮をむいて、あればせん切りスライサーでせん切りにしながらＡにまぜ、しんなりさせる。
❷①の汁けをきってパセリを散らす。

からりと揚げるコツは、汁けをよくふいてかたくり粉をまぶすこと

あじの立田揚げ

主菜

材料（１人分）

あじ（刺し身用。三枚におろし、皮をむいて小骨をとってあるもの）１尾分　A（みりん、しょうゆ各小さじ１）　かたくり粉適量　揚げ油½カップ

作り方

❶あじは一口大のそぎ切りにしてAにつけ、上下を返して10分ほどおく。

❷あじの汁けをペーパータオルでふいて、かたくり粉を薄くまぶす。

❸揚げ油を低めの中温に熱して②を入れ、途中上下を返して２～３分揚げる。

さつまいもの甘煮

副菜

材料（１人分）

さつまいも100ｇ　A（固形スープ小¼個　水½カップ　はちみつ大さじ１）

作り方

❶さつまいもは皮つきのまま１㎝厚さの輪切りにし、水にさらす。

❷小なべにA、さつまいもを入れ、煮立ったら弱めの中火にして５～６分煮て火を止め、そのまま冷まして汁けをきる。

ししとうの洋風焼き

副菜

材料（１人分）

ししとうがらし６～８本　オリーブ油小さじ½　塩、あらびきこしょう各少々

作り方

❶ししとうは竹ぐしに刺す。

❷中火で熱した焼き網で①を焼き、熱いうちに竹ぐしを抜き、オリーブ油をからめて塩、こしょうを振る。

主菜

淡泊な白身魚にしょうがをきかせて、抗菌効果もバッチリ！

たらのしょうが風味焼き

材料（１人分）

たら１切れ　Ａ（おろししょうが、みりん、しょうゆ各小さじ１）　小麦粉適量　サラダ油小さじ１

作り方

❶たらは一口大のそぎ切りにし、Ａにつけて10分ほどおく。

❷たらの水けをペーパータオルでふいて小麦粉を薄くまぶし、サラダ油を熱したフライパンに並べて、中火で途中上下を返して２～３分焼く。

切り干し大根とキャベツのだし煮

副菜

材料（１人分）

切り干し大根20ｇ　キャベツ½枚　Ａ（だし½カップ　酒大さじ１　薄口しょうゆ大さじ½）

作り方

❶切り干し大根はさっと洗って、ぬるま湯½カップにつけて10分以上おく。キャベツは３㎝長さの細切りにする。

❷切り干し大根はもどし汁ごとなべに入れてＡを加え、煮立ったら弱火にしてふたをし、５分煮る。

❸キャベツを加えて強火にし、汁けがほとんどなくなるまで煮詰める。

なすの甘辛いため

副菜

材料（１人分）

なす１個　Ａ（砂糖、しょうゆ各大さじ½）　サラダ油大さじ１

作り方

❶なすは７～８㎜厚さの輪切りにし、水にさっとくぐらせて水けをふく。

❷フライパンにサラダ油を熱してなすをいため、Ａを加えて全体にからめる。

焼きすぎるとかたくなるので色が変わったら手早く味つけを

えびのマヨいため

主菜

材料（１人分）

大正えび（殻つき）小５尾　塩、こしょう各少々　小麦粉適量　マヨネーズ大さじ½　サラダ油小さじ½

作り方

❶えびは殻と尾を除いて背わたをとり、腹側に包丁を入れて開き、塩、こしょうを振る。

❷えびに小麦粉を薄くまぶして、サラダ油を熱したフライパンでいため、えびの色が変わってきたらマヨネーズを加えてからめる。

れんこんのきんぴら風

副菜

材料（１人分）

れんこん90ｇ　Ａ（砂糖小さじ２　しょうゆ小さじ１　あればけしの実少々）　サラダ油大さじ½

作り方

❶れんこんは半月切りにして酢少々（分量外）を加えた水に１分さらし、水けをきる。

❷フライパンにサラダ油を熱して①をいため、Ａで調味して汁けがなくなるまでからめる。

ブロッコリーのみそあえ

副菜

材料（１人分）

ブロッコリー50ｇ　Ａ（みそ小さじ１　みりん大さじ½）

作り方

❶ブロッコリーは小房に分け、大きいものは半分に切って、塩少々（分量外）を加えた熱湯でゆで、ざるに上げる。

❷Ａを合わせて、①をあえる。

主菜

オーブントースターで焼くだけなのに
香ばしさとこくある味わいは絶品

ほたてのでんがく

材料（１人分）

ほたて貝（ボイルしたもの）２個　A（みそ小さじ１　卵黄½個分）

作り方

❶ほたてはそぎ切りにして厚みを半分にする。

❷クッキングシートを敷いた受け皿にほたてを並べる。合わせたAを塗ってオーブントースターでこんがりと焼き色がつくまで焼く。

いんげんの卵とじ

材料（１人分）

さやいんげん50ｇ　卵１個　A（だし¼カップ　砂糖小さじ２　しょうゆ小さじ１）

作り方

❶いんげんは塩少々（分量外）を加えた熱湯で１〜２分ゆでて水にとり、３㎝長さに切る。

❷Aで①のいんげんを一煮して味を含ませ、といた卵を回し入れて半熟状になったら火を止める。

副菜

もやしの白ごまあえ

副菜

材料（１人分）

豆もやし100ｇ　A（すり白ごま大さじ1.5　砂糖、しょうゆ各小さじ１）

作り方

❶もやしはひげ根をとって、酢少々（分量外）を加えた熱湯で１〜２分ゆでてざるに上げ、水けをきる。

❷Aを合わせてもやしをあえる。

半熟状のいり卵をラップでキュッと包むだけの手軽さ

卵とグリンピースの茶巾

主菜

材料（１人分）

卵１個　グリンピース（冷凍）10ｇ　A（砂糖小さじ１　塩少々）　サラダ油小さじ½　青じそ１枚

作り方

❶グリンピースはさっとゆでてざるに上げる。
❷卵は割りほぐしてAをまぜ、サラダ油を熱したフライパンに流し入れて菜箸でまぜ、半熟状になったら①を加えて火を止める。
❸②があたたかいうちにラップで包んでしぼり、茶巾にする。冷めたら青じそを敷く。

セロリと油揚げのだし煮

副菜

材料（１人分）

セロリ½本　セロリの葉少々　油揚げ½枚　A（だし¼カップ　塩小さじ¼）　七味とうがらし少々　サラダ油小さじ１

作り方

❶セロリは小口切りにし､葉はこまかく刻む。
❷油揚げは横半分にして細切りにし、熱湯をかけて油抜きする。
❸フライパンにサラダ油を熱し、中火で①、②をいためる。油が回ったらAを加えて汁けがなくなるまで煮、七味とうがらしを振る。

えのきとじゃこの蒸し煮

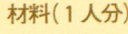

副菜

材料（１人分）

えのきだけ100ｇ　ちりめんじゃこ大さじ１　A（酒大さじ１　しょうゆ小さじ½）

作り方

❶えのきだけは根元を少し落とし、長さを３等分に切ってほぐす。
❷小なべに①、Aを入れ、ふたをして中火で１分ほど蒸し煮にする。
❸ちりめんじゃこを加えて、汁けが少なくなるまで中火で煮詰める。

主菜

ゆで卵の豚肉巻き ケチャップしょうゆ味

肉を巻いてボリュームアップ。隠し味のしょうゆが決め手

材料（１人分）

卵１個　豚もも薄切り肉１枚（30ｇ）　小麦粉適量　A（トマトケチャップ大さじ１　しょうゆ小さじ¼）　サラダ油大さじ½

作り方

❶卵はかぶるくらいの水に入れ、酢少々（分量外）を加えて火にかけ、煮立ったら弱火にして約10分ゆでて水にとり、殻をむく。

❷小麦粉を茶こしに入れ、ゆで卵の全体に薄く振る。

❸豚肉を広げて②のゆで卵をのせ、厚みが均一になるように巻いて小麦粉を薄く振る。

❹フライパンにサラダ油を熱して③を入れ、中火で転がしながら焼き色をつけ、火が通ったらAを加えてからめる。冷めたら食べやすく半分に切る。

チンゲンサイの塩いため

材料（１人分）

チンゲンサイ１株　A（塩小さじ¼　こしょう少々）　ごま油小さじ１

作り方

❶チンゲンサイは葉を１枚ずつはがして、一口大のそぎ切りにする。

❷フライパンにごま油を熱し、強火で①をいため、Aで調味する。

副菜

大根の酢じょうゆづけ

副菜

材料（１人分）

大根100ｇ　A（しょうゆ小さじ１　砂糖小さじ１　酢大さじ1.5　あれば八角１かけ）

作り方

❶大根は縦４等分にして乱切りにし、塩少々（分量外）を振って水けが出たら、さっと洗って水けをふく。

❷Aを合わせて①を10分ほどつける。

彩りも栄養のバランスも満点のお弁当向きスピードおかず

ミックスベジタブルのオープンオムレツ

材料(作りやすい分量)

卵3個　ミックスベジタブル(冷凍)1カップ
A(塩小さじ⅓　こしょう、ナツメグ各少々)
バター10ｇ

作り方

❶フライパンにバターをとかし、ミックスベジタブルを凍ったままいためてAで調味する。
❷といた卵を①に流し入れ、大きくかきまぜて半熟状になったら表面を平らにして弱火にし、3～4分焼いて上下を返し、さらに1～2分焼く。冷めたら食べやすく切り分けて⅓量詰める。

組み合わせ自由自在！
おかずカタログ

マッシュルームのワイン蒸し

材料(1人分)

マッシュルーム100ｇ　白ワイン大さじ2
レモン½個　A(塩小さじ¼　あらびきこしょう少々)

作り方

❶マッシュルームは縦半分に切って、白ワインとともに小なべに入れ、ふたをして蒸し煮にする。
❷レモンは2枚の薄い輪切りにして皮をむき、残りはしぼってAを振りまぜる。
❸②に①を蒸し汁ごと加えてまぜ、冷ます。

なすのみそいため

材料(1人分)

なす1個　A(みそ大さじ½　砂糖小さじ½
みりん大さじ1)　サラダ油大さじ2

作り方

❶なすは乱切りにし、水にさっとくぐらせて水けをふく。
❷Aはまぜ合わせておく。
❸サラダ油でなすをいため、②で調味する。

お弁当じょうずの
基礎レッスン

Lesson5

お弁当を最大限に おいしく詰める ポイント

きょうのお弁当、何が入っているのかな？　わくわくしながらふたをあけて思わずニッコリ。ふだんの食事でも、おいしそうに見えたときって、やっぱりおいしいと思えることが多いのでは。お弁当も同じです。見ばえよく詰めることは「おいしい！」につながります。

まずごはんを詰める

基本的には主食となるごはんを最初に詰めると配置が決めやすくなります。量は食べる人の年齢や体格、活動量によっても違ってきます。いつも使っているごはん茶わんにいつもの量を入れて、お弁当箱に詰めてみると適量を確認できます。詰めるときはギュウギュウ詰め込みすぎないこと。おいしさが半減するだけでなく、ごはん粒がつぶれて粘りけが出ると傷みの原因にも。菜箸を使ってごはん粒をつぶさないように均等に隅々まで詰めます。

大きなおかずから詰める

お弁当箱の隅やごはんとの間にすき間ができないようにおかずを詰めます。主菜には肉巻きやから揚げなど、形の決まっている大きなおかずが多いので、基本的には先に詰めたほうがおさまりもよく、残りのスペースもわかりやすくなります。いため物やあえ物、サラダなどの副菜をあとにすると「すき間対策」しやすく、きちんと詰めることができます。

味が移らないように。移ってもおいしい工夫を

さっぱり味のおかずに揚げ物の油がついていたら食べるときにガッカリ！　おかずを詰めるときは色のバランスに注意するのはもちろんですが、味移りにも気をつけます。香りの強いものや、移ると困る味つけのものを隣どうしに詰めるときはバランや葉野菜などで仕切り、汁けの出やすいものはカップに入れてから詰めます。逆にしょうが焼きなど、おかずのたれがごはんにしみたほうがおいしいものは、そのまま入れてもかまいません。

すき間をつくらずに、立体感をつけて詰める

お弁当箱にすき間があると、少し横にしただけでも中身が寄ってしまう原因に。こんな失敗を防ぐには、すき間をつくらないように切り方を工夫したり、立体感をつけてお弁当箱の深さの９割ほどまで詰めるとよいでしょう。たとえば、おかずを一口大にすると詰めやすく、食べやすさにもつながります。ふたをするお弁当に立体感を出して詰めるのはなかなかむずかしいものですが、材料を乱切りにすると効果的。すき間を埋めるのに便利なミニ野菜、つくだ煮、煮豆、漬け物などを用意しておくと味のアクセントにもなります。

お弁当じょうずのお助け素材

お弁当を作るうえで、常備しておくといざというときに役立つ便利な素材や調味料の数々。
168ページのつくだ煮、煮豆。171ページのふりかけなどに加えてご紹介します。

卵
ブロッコリー
かぼちゃ

安定価格で栄養価の高い卵は、家計ピンチのときの強い味方に。また、お弁当作りで常備しておくと意外に役立つおすすめ野菜はブロッコリーとかぼちゃ。これなら火の通りも早く、栄養も満点で彩りもよく、困ったときのすき間おかずとしても重宝します。

冷凍食品

時間がないときの強い味方になってくれる、おなじみ人気おかずの冷凍食品。最近は味も種類も豊富で、小分けにできるなど、使いやすく工夫されています。そのまま使うのは抵抗があるという方は、野菜を加えるなど、ちょっとアレンジすれば手抜きに見えません。

ミックスベジタブル

野菜の買いおきがない！　そんなときでもこれさえあれば大助かり。凍ったまま使えるので手早く調理できます。赤、緑、黄色と彩りもよく、単品使いもできるので、少量しか使わないお弁当作りには便利です。

缶詰め

何もないときのお助け素材といえば、やっぱり缶詰め。下ごしらえいらずのツナ缶やコーン、大豆の水煮缶などがあれば、和洋中、どんな味にもしっくりなじみます。保存がきくのでセールのときに賢く買いおきを。

チーズあれこれ

お弁当だけでは栄養のバランスがいまひとつ、というときはチーズで補ってみては。良質なタンパク質と脂肪が含まれているミニサイズのチーズを1個添えるだけで、ビタミンA・B2、カルシウムのよい補給源にもなります。

携帯用調味料

しょうゆやソースなどの調味料をおかずにかけておくと、汁けが出て味が落ちたり、その汁けでお弁当も傷みやすくなります。おいしく食べてもらうためにも、使いきりサイズのミニボトルやミニパックを添えると安心です。

ドライハーブ

味つけがマンネリぎみになったら、スパイシーな香りのバジルやオレガノを、いつもの肉や魚貝のおかず、サラダにひと振りするだけでひと味違うおいしさに。ハーブなんてと敬遠せずに、ドライなら保存もきいてお手軽です。

みそ汁&スープ

お父さんのお弁当に、もう一品おかずを作るはずだったのに時間がない！そんなときはインスタントのみそ汁やスープを添えて。意外にこの一杯でほっと気持ちがいやされます。

青のり ゆかり ごま

風味のよい青のり、抗菌効果のあるゆかり、栄養価の高いごまなどを、ごはんやおかずにまぶしたりからめると、彩りもよく味に変化がつきます。これらの素材は水分を吸収するので、余分な汁けが出ないメリットも。

あると便利！お弁当グッズ

お弁当は見た目もきれいで、おいしく、しかも
安心して食べられることがなによりです。
そこで、毎日のお弁当作りがもっと楽しくなる
お弁当グッズをご紹介します。

苦手な
おにぎりも
これなら簡単！

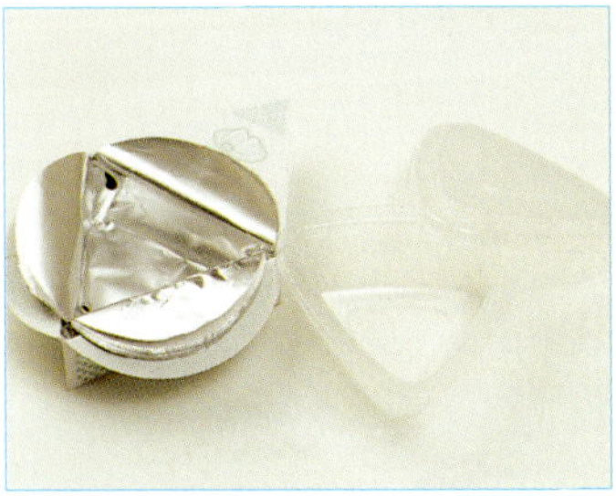

おにぎりパック

右は電子レンジ対応のおにぎり冷凍パック。左はアルミ箔容器にごはんを詰めて包み、まん中に付属のシールをはってとり出せば、三角おにぎりのでき上がり。

押し型

上は型にごはんを詰めて押しぶたで押さえ、押しぶたをはずして型を裏返しにしてとり出せば三角おにぎりに。左は小さな子どものお弁当にぴったりのおすしやミニおにぎりの押し型。

食べやすさと
楽しさを
プラス

ピック

お子さまランチ風に旗を刺したり、箸で食べにくいものをピックに刺してあげると、手に持ってパクッと食べられます。かわいいピックに刺してあったら、小さな子どもだけでなく大人でもうれしいもの。

仕切りの
必須アイテム

カップ

味がまざらないようにガードしてくれる紙カップやアルミカップは種類も豊富。中でも上は天然素材を使っているので余分な水分を吸収し、抗菌効果も。上下とも電子レンジ対応なので、加熱調理してそのままお弁当箱に詰めることもできます。

バラン

お弁当のおかずの仕切りにバランは大活躍。こんなにかわいいデザインのバランなら、おかずの彩りが寂しいとき、味移りを防ぐのを兼ねておかずの間にはさんでも効果的です。

おいしさを
そのまま
キープ

お弁当シート

右はお弁当の上にのせると抗菌効果プラス水分吸収保持効果が期待できそう。左の水分吸収保持シートはお弁当のごはんにのせるだけで、冷めてもベタつき、パサつきのないおいしさを保ちます。

おいしさ
アップの
パートナー

調味料入れ

右上はしょうゆ、たれ、ソース入れに。左上はマヨネーズやケチャップ入れに。片手で押すとチューブのようにしぼり出せます。下はドレッシングやマヨネーズ入れにも最適。

ふりかけケース

ふりかけや青のりなどをパリパリのまま使う分だけ持っていけるので便利。ミニサイズなのに入れやすい広口タイプで、使うときは振りかける量を好みで調節できるのがうれしい。

包んで安心！
衛生的で
見た目もきれい

おにぎりグッズ

上から順に、しっとりしたのりのおいしさをキープのおにぎりシート。おにぎりやゆで卵を入れてビニタイで結ぶタイプのフードパック。ごはんがつかずに包めるおにぎり用グラシン紙は電子レンジ対応。フィルムの間にのりをはさんでおにぎりを包むタイプ。食べるときものりがパリパリのまま。

サンドイッチグッズ

右2点はロールサンドを作るときに便利なラップ。両端をひねるとラップフィルムのまん中が切れて、手を汚さずにそのまま食べられます。中央はサンドイッチラップ。左のサンドイッチ袋は紙の両面にワックス加工してあるので、湿気防止、乾燥よけの包装にＧＯＯＤ。

材料別索引 ①

表紙デザイン　大薮胤美（フレーズ）
表紙料理　夏梅美智子
表紙スタイリング　坂上嘉代
表紙撮影　梅澤 仁（主婦の友社写真室）
本文デザイン　落合光恵
料理　池上保子　石原洋子　今井久美子　今泉久美
枝元なほみ　大久保恵子　大庭英子
荻原悦子　上村泰子　川村由紀子
城戸崎 愛　瀬尾幸子　高城順子
千葉真知子　長江伊都子　仲田紀久子
長沼久美　長沼仁美　夏梅美智子
浜内千波　藤野嘉子　松田紀子
撮影　青山紀子　宇都木 章　榎本 修　岡本真直
奥谷 仁　貝塚 隆　川上隆二　中川十内
中村 淳　吉原 浩　主婦の友社写真室
時間計算　大橋和枝（MOON・COMPANY）
編集　小玉月子（MOON・COMPANY）
編集デスク　安藤有公子(主婦の友社)

主婦の友新実用BOOKS

決定版　毎日のおべんとう

2003年５月10日　第１刷発行
2010年５月10日　第25刷発行

編　者　主婦の友社
発行者　荻野善之
発行所　株式会社　主婦の友社
〒101-8911 東京都千代田区神田駿河台2-9
電話（編集） 03-5280-7537
（販売） 03-5280-7551
印刷所　大日本印刷株式会社

もし、落丁、乱丁、その他不良の品がありましたら、おとりかえいたします。お買い求めの書店か、主婦の友社資材刊行課（電話03-5280-7590）へお申しいでください。

ISBN978-4-07-236257-0

＊本書は主婦の友生活シリーズの「朝ラク！ おべんとう305レシピ」（2003年刊行）、「365日のお弁当革命」、ほかを新たに構成した決定版です。